Tagebuch schreiben

TRISTINE RAINER

Tagebuch schreiben

Mit einem Vorwort von
Anaïs Nin

Aus dem Englischen von
Kerstin Winter

Autorenhaus

Die Deutsche Bibliothek verzeichnet diese Publikation
im Internet unter http://www.dnb.de.

Nach der Ausgabe von 2004: *The New Diar: How to Use a Journal for Self-Guidance and Expanded Creativity*

Zweite Auflage

ISBN 978-3-86671-155-6

Umwelthinweis: Dieses Buch wurde auf chlor- und säurefreiem Papier gedruckt.
Druck und Bindung: CPI, Leck
Printed in Germany

Inhalt

Ich bin reich an Müttern.

Dieses Buch ist drei von ihnen gewidmet:

Marie, die mir Leben gegeben hat.

Anais, durch die ich das zweite Mal geboren wurde.

Tawney, eine wahre Patin.

Vorwort

TAGEBUCHSCHREIBEN ist den vergangenen Jahren immer populärer geworden. Um dem entstandenen Bedürfnis nach mehr Wissen zu begegnen, haben meine Freundin Tristine Rainer, die sich seit vielen Jahren mit diesem Thema beschäftigt, und ich einen Kurs dazu gegeben. Die Teilnehmer lernten, durch das Tagebuch ihre Kreativität zu entdecken und zu nutzen und ein inneres Gleichgewicht zu gewinnen. Sie lernten, sich durch das Tagebuch selbst zu erschaffen, das eigene Ich zu finden. Sie lernten, das Tagebuch als Mittel zu nutzen, sich wieder aufzubauen, wenn ihr Selbstgefühl zerstört worden war und sich aus der verzweifelten Einsamkeit des Schweigens und der Ängste der Entfremdung zu befreien.

Im Tagebuch entdeckten wir eine Stimme, mit der wir die verborgenen metaphysischen und göttlichen Quellen, über die jeder Mensch verfügt, erreichen können. Im Tagebuch fanden wir das Instrument, um neue Formen des Bewusstseins und der Ekstase zu erforschen. Wir führten Tagebuch als Möglichkeit, um aus Erfahrung Weitsicht zu entwickeln und Verständnis für andere Menschen zu vertiefen, als ein Mittel, die Tiefen des menschlichen Daseins zu erfahren, als Mittel, den Inhalt des Traums mit unserem Handeln zu verbinden, so dass sich beides gegenseitig ergänzt und harmonisch zusammenfügt. Nun hat Tristine ein kluges und fortschrittliches Werk geschrieben, mit dem sie den großen Reichtum des Wissens, der von der Beschäftigung mit dem Tagebuch ausgeht, mit all denen teilt, die innere Harmonie und kreative Freiheit suchen.

Anaïs Nin, Dezember 1976

1. Das Neue Tagebuch

Ein Romanautor sammelt Material, stellt sich Fragen zum geplanten Thema und hält in seinem Tagebuch Ideen, Gesprächsfragmente und Fantasien schriftlich fest.

Eine gerade geschiedene Frau schreibt in ihrem Tagebuch über ihre verwirrten Gefühle und analysiert sie. Je mehr sie schreibt, umso klarer wird ihr, was sie sich für eine kommende Beziehung wünscht und was nicht.

Ein pensionierter Ingenieur tippt ein Passwort in seinen Laptop und stellt Fragen zum Älterwerden, zum Verstreichen der Zeit und zum inneren Frieden, den er sucht. Im Laufe der Zeit erschließen sich ihm die Antworten. Er schreibt Tagebuch.

Eine junge Webdesignerin steht eine Stunde früher auf als die übrige Familie, um ihre Träume und einige Verse zu notieren.

Ein bekannter Musiker schreibt während seiner Flugreisen und in Garderoben Tagebuch, um sich als Mensch wiederzufinden statt als Person des öffentlichen Lebens.

Eine Künstlerin skizziert Ideen und Gedanken und verwendet einige dieser Strichzeichnungen später in ihren Gemälden.

Ein Geschäftsmann analysiert die verschiedenen Faktoren, die seine Entscheidung bestimmen, in seinem ledergebundenen Tagebuch.

Eine College-Studentin schreibt zwischen den Unterrichtsstunden in ihr Buch, um die Theorie des Lehrers mit den Erfahrungen des täglichen Lebens in Einklang zu bringen. Später überträgt sie ihre Einträge auf eine Blog-Site im Internet und erhält Reaktionen von anderen Tagebuchautoren.

Der Beleuchter einer TV-Soap zeichnet zwischen den Aufnahmen das Drama seines eigenen Lebens auf.

Eine Ehe- und Familienberaterin entwirft imaginäre Gespräche zwischen sich selbst und einem inneren Supervisor.

Ein vor kurzem verwitweter Mann schreibt Tagebuch als Gebet und spirituelle Meditation.

Eine Frau auf Arbeitssuche wendet sich vor jedem wichtigen Bewerbungsgespräch an ihr Tagebuch. Sie stellt sich vor, wie ihr möglicher Arbeitgeber sie sieht, und übt, was sie sagen und tun will.

Eine werdende Mutter schreibt darüber, was mit ihrem Körper geschieht, und über die Schwierigkeit, ihre bisherige Persönlichkeit mit den Veränderungen, die sie erlebt, zu verstehen.

Diese Menschen und viele andere arbeiten auf verschiedene Art und in unterschiedlichem Stil mit ihrem Tagebuch.

Sie führen ein privates Tagebuch nicht nur, um Erinnerungen zu bewahren, sondern auch als Kommunikation mit sich selbst. Sie schreiben, skizzieren, träumen und spielen mit ihrer Fantasie. Sie schreiben auf, was sie beschäftigt, ihre Gefühle, Gedanken, Interessen, Vorstellungen und Fantasien. Sie schreiben, wann immer sie das Bedürfnis dazu haben, aus Vergnügen und als Selbsthilfe.

Irgendwann lesen sie dann, was sich angesammelt hat, während sie sich mit ihren Bedürfnissen und Sehnsüchten auseinander gesetzt haben. Und sie halten ein Buch in ihren Händen, dessen Inhalt und Stil eine einzigartige, nicht zu kopierende Geschichte ihrer Persönlichkeit erzählt. Indem sie schriftlich darüber nachdenken, was aus ihrem Inneren an die Oberfläche gekommen ist, entdecken sie bisher unbekannte Vorlieben und Neigungen ihres Ichs. Sie erkennen Strukturen und Bedeutung in ihrem Leben und Geheimnisse in ihrem Wesen, die spannender ist als eine Kriminalgeschichte.

Durch regelmäßiges Tagebuchschreiben und Reflexion erkennen sie Probleme und verstehen Entwicklungen in ihrem Leben und erweitern ihre Kreativität. Sie erfahren, dass Spontaneität, Ehrlichkeit, Tiefe, Klarheit, Vieldeutigkeit, Humor und ein ausgeprägtes Sinnesempfinden Qualitäten eines reifen, ich-bewussten Menschen sind. Sie entwickeln ihre Kreativität, indem sie sich selbst entwickeln.

Das Tagebuch zur Unterstützung der Persönlichkeit und zur Anregung der Kreativität einzusetzen, wurde im späten 20. Jahrhundert populär. Doch erst die Anerkennung der Rolle des Unbewussten durch die Psychologie, der Mut zeitgenössischer Künstler zu experimentieren wie auch die Verbreitung neuer psychologischer Erkenntnisse von der persönlichen Verantwortung des Individuums, bereiteten den Weg vor für das Tagebuch, das private Journal, das persönliche Buch, in dem sich Kreativität, spielerisches Probieren und Selbsttherapie ergänzen und gegenseitig beeinflussen.

Dieses moderne Tagebuchkonzept hat wenig mit der starren kalendarischen Form zu tun, die tägliche Einträge verlangte, wie Sie sie vielleicht aus Ihrer Kindheit in Erinnerung haben, oder mit dem so genannten Reisetagebuch, in dem Sie Ihre Eindrücke vom Grand Canyon oder von Notre Dame festgehalten haben. Noch weniger hat es zu tun mit den altmodischen Vorstellungen vom Tagebuch als Mittel zum pflichtbewussten Konservieren von Ereignissen, als narzisstische Selbstbefruchtung, als Realitätsflucht oder als nostalgisches Beibehalten der Vergangenheit.

Das Neue Tagebuch ist ein praktisches, psychologisches Werkzeug, mit dem wir lernen können, unsere Gefühle offen ohne Einschränkungen auszudrücken, Gewohnheiten, mit denen wir uns selbst behindern, zu erkennen und gleichzeitig zu verändern, und uns als Individuum zu akzeptieren. Es ist ein geschützter Ort, an dem wir Gefühle, Gedanken, Träume, Hoffnungen, praktische Überlegungen, Sorgen, Wirklichkeit und Intuition aussprechen können. Es kann helfen, die Vergangenheit zu verstehen, die Gegenwart bewusst zu erleben und die Zukunft zu gestalten. Das Neue Tagebuch erlaubt Ihnen, beim Schreiben Natürlichkeit und Selbstverständnis zu entwickeln. Es zeigt Ihnen eine Quelle, die nur Ihnen allein gehört: Ihre Erfahrung. Während Sie noch Ihre natürliche Stimme entdecken, beginnen Sie bereits, sich auf Ihre wahren Interessen zu besinnen und Material zu sammeln, um es in unterschiedlicher Weise zu verwenden: in literarischer Form für Gedichte oder Kurzgeschichten oder als Anregung für Bilder, Fotos und Skulpturen.

Die häufigsten therapeutischen und kreativen Vorteile des Tagebuchs sind:

Die Möglichkeit, Spannungen abzubauen und Gefühle zu verarbeiten;
Ziele klar zu formulieren und Entscheidungen vorzubereiten;
zu lernen, sich zu akzeptieren und näherzukommen;
Beziehungen zu verarbeiten und sich selbst zu verstehen;
künftiges Verhalten zu üben;
Energien zu kanalisieren und auf das zu lenken, was im Augenblick wichtig ist.

Es ist ein Mittel zur Planung
von Zeit, um kreative Lösungen zu finden;
es ist Erinnerungsstütze
und Möglichkeit, die eigene Identität zu finden;
eine Chance, Einsamkeit zu genießen und zu nutzen,
seinen Lebensweg zu erkennen und Verantwortung für sein Handeln zu übernehmen;
eine Psychotherapie zu unterstützen oder abzuschließen …
Techniken zur Selbstdarstellung zu erlernen;
negative mentale Angewohnheiten in positive Energie zu verwandeln;
Gefühle distanziert zu betrachten und die Vergangenheit abzuschließen;
wichtige Erkenntnisse festzuhalten;
die Intuition zu schulen und die Fantasie zu entfalten;
Vertrauen in das Leben zu entwickeln;
Träume zu behalten und zu analysieren;
sich bewusst zu leiten und zu führen;
ein Weg zum spirituellen Frieden.

Es kann ein Arbeitsbuch für kreatives Schreiben und Zeichnen sein, ein Ort für intellektuelle und kreative Wagnisse, eine Sammlung künftiger Projekte.

Was ich als Neues Tagebuch bezeichne, hat sich über lange Zeit entwickelt. Für Historiker sind Tagebücher ein wahrer Schatz, weil sie die Kultur, Werte, Meinungen, Bedürfnisse und Sitten verschiedener Jahrhunderte widerspiegeln.

Die ersten Tagebücher, die nicht hauptsächlich historische Ereignisse festhalten wollten, wurden im 10. Jahrhundert in Japan von Damen des kaiserlichen Hofes geschrieben. Sie entwickelten das Tagebuch zu einer Form des persönlichen Ausdrucks, in der nicht nur äußere Lebensbedingungen beschrieben wurden, sondern auch intime Fantasien und Erzählungen und Gedichte Eingang fanden. Sie schrieben sporadisch, nach ihrem inneren Bedürfnis, nicht nach einem Kalender oder regelmäßig. So gibt es ein japanisches Tagebuch, in dem die einzelnen Einträge einen zeitlichen Abstand von jeweils fast sieben Jahren haben. Waren in Japan die ersten Tagebücher Teil eines literarischen Goldenen Zeitalters, einer Ära des Friedens und der kulturellen Blüte, liegen die Wurzeln des Tagebuchs im mittelalterlichen Europa im Mysterium und in der Magie. Diese Tagebücher wurden von »Hexen« geführt, die ihr heidnisches Wissen bewahren wollten – womöglich eine Erklärung dafür, dass Tagebücher auch heute noch ein Geheimnis umgibt. Wenn auch nicht mehr ein lebensgefährliches wie damals, als man nicht nur das Tagebuch einer »Hexe«, sondern auch sie selbst verbrannte.

Je nach Nation unterschieden sich Tagebuchschreiber in ihren Absichten und Anliegen. Im England des 17. Jahrhunderts zum Beispiel entwickelten Samuel Pepys und andere protestantische Gentlemen das Tagebuch als eine Art Beichte, um dem wachsamen Gott über das eigene Leben Rechenschaft abzulegen.

In Amerika instrumentalisierten die Puritaner, die auf der Mayflower über das Meer kamen, das Tagebuch für Selbstdisziplin und Selbstkritik. Die Geistlichen der Neuen Welt verlangten von den Kindern, im Tagebuch ihr Gewissen zu prüfen. Es gab aber auch die philosophisch-religiösen Tagebücher der Quäker und später das Tagebuch der Autarkie von Emerson und Thoreau, – ein wichtiger Teil des amerikanischen Transzendentalismus.

Tagebücher, von Frauen geschrieben, hatten im 17., 18. und 19. Jahrhundert eine besondere Tradition. Bis zum 18. Jahrhundert schufen Hunderte amerikanischer Pionierfrauen durch Korrespondenz und gegenseitige Unterstützung ein funktionierendes Netzwerk, das auf einem gemeinsamen Interesse für das Tagebuch basierte und sich von North Carolina bis Massachusetts erstreckte. Tatsächlich nutzten so viele Frauen das Tagebuch auch als Mittel zur Erhaltung ihrer Geschichte und Kultur, dass man noch zweihundert Jahre später glaubte, diese Art des Schreibens sei eine speziell weibliche Ausdrucksform.

Davon war man besonders in den USA in den fünfziger Jahren des 20. Jahrhunderts überzeugt, und so entstanden die hübsch gebundenen Bücher mit ihren zierlichen Schlössern und Schlüsselchen an Kettchen für junge Mädchen in der Vorpubertät. Diese Bändchen ahmten die lange Tradition des geheimen Tagebuchs nach, das am Ende der puritanischen Tradition stand, sich mit dem Tagebuch zu disziplinieren und zu überwachen. Die vorpubertären Mädchen der Protestbewegungen der Fünfziger, Sechziger und Siebziger befreiten sich nicht nur von den Hüfthaltern ihrer Mütter, sondern auch von dem veralteten Tagebuchmodell. Daraus entwickelte sich, was ich das Neue Tagebuch nenne. Das Konzept dazu ist seither weiter entwickelt und in Bildung und Psychologie anerkannt worden und verbreitet sich weltweit über das Internet.

Eine wichtige Rolle in der Entwicklung spielten dabei sicherlich Carl Jung, Marion Milner, Ira Progoff und Anaïs Nin. Jeder von ihnen entwickelte eigene Techniken, die den Zugang zu den inneren Quellen der Kreativität zeigen. Für Jung waren Träume und innere Bilder wichtig; Milner betonte den Wert intuitiven Schreibens und Zeichnens; Progoff fand Techniken, sich im Tagebuch mit dem eigenen Ich auseinander zu setzen; und Anaïs Nin bewies, dass man kreative Erfüllung erreichen kann, indem man seine Gefühle ergründet und sie ernst nimmt. Alle erkannten, dass es in der modernen Welt wichtig ist, der inneren Stimme zuzuhören und ihr Raum zu geben.

Anaïs Nin (1903–1977) trug zur Entwicklung des Neuen Tagebuchs nicht nur durch ihre Theorie, sondern durch ihr eigenes Beispiel bei. Unzählige Menschen wurden durch ihre Tagebücher, die 1966 veröffentlicht wurden, inspiriert. Darin verband sie Elemente der Psychologie mit literarischem Schreiben. Sie setzte der puritanischen Tradition, die auf Schuldgefühlen basierte, befreiende Konzepte persönlicher Verantwortung und Reife entgegen. Anaïs Nin erkannte, dass die Gesellschaft den Blick nach innen mit einem Tabu belegt hatte, jeder Mensch jedoch eine spirituelle Insel brauchte: »Ein kultiviertes, gut genährtes Innenleben ist eine Quelle der Kraft«, schrieb sie, »die innere Struktur, die wir brauchen, um äußere Katastrophen und Fehler und Ungerechtigkeiten zu überstehen.«

Nin, die eine schwierige Kindheit hatte, begann im Alter von elf Jahren, Tagebuch zu führen. Der erste veröffentlichte Band entstand in der Zeit von 1931 bis 1934, in der sie bereits das aufregende Leben führte, von dem sie als junges Mädchen nur träumen konnte. Sie war umgeben von surrealistischen Künstlern, die mit freier Assoziation, automatischem Schreiben und anderen spontanen Formen des Selbstausdrucks experimentierten. In *Die Tagebücher der Anaïs Nin* (Band I) beschreibt sie ihre Freundschaft mit drei der einflussreichsten experimentellen Schriftstellern ihrer Zeit: Henri Miller, Antonin Artaud und Lawrence Durrell. Mit ihnen teilte sie die Liebe zur Spontaneität, dem sinnlichen Empfinden, dem »Fließen« und der Freiheit des Schreibens.

Der zweite veröffentlichte Band ihrer Tagebücher berichtet von ihrer Arbeit als Laien-Therapeutin mit dem Psychoanalytiker Otto Rank in New York, dessen Ansichten zur Neurose als blockierte Kreativität sie in ihrem Glauben an den Nutzen des Schreibens bestätigte. Die späteren Bände (III bis IV) zeigen, dass das Tagebuch für sie zur eigenständigen Form geworden war, in der sie sich mit den kulturellen Veränderungen ihrer Zeit auseinander setzte.

Nach Nins Tod erschienen zwei Bücher mit erotischen Kurzgeschichten, die sie im Auftrag eines Sammlers für einen Dollar die Seite geschrieben hatte. Paradoxerweise wurden diese literarisch anspruchslosen Geschichten ihre einzigen Bestseller. Dies und die Veröffentlichung ihrer so genannten »unzensierten Tagebücher« und ihre oft thematisierte Beziehung zu Henry Miller führten dazu, dass der Eindruck entstand, dass Nins Werk vor allem erotisch sei. Obwohl es stimmt, dass Nin es sich zur Aufgabe gemacht hatte, eine eigene Sprache für die weibliche Sexualität zu finden, wird diese Vereinfachung ihrem Gesamtwerk nicht gerecht.

Ihre handgeschriebenen Tagebücher, die sie noch zu Lebzeiten herausgab, enthalten Spekulationen und Theorien zum Wert des Tagebuchs als spontane kreative Form. In Nins Werken lässt sich das gleiche Streben nach einem Gleichgewicht zwischen spontanem emotionalem Ausdruck und aktiver, objektiver Analyse beobachten, das für die anderen Pioniere so wichtig war. Durch das Tagebuch kann die äußere Frau, die die Welt wahrnimmt und in ihr handelt, mit der inneren Frau, die fühlt und träumt, verschmelzen. Diese Interaktion bringt permanent ein neues Ich hervor, dessen einzelne Elemente sich enger verbinden, kennen lernen und verstehen.

Anaïs Nin feierte Kreativität als Lebensart. Sie sah den kreativen Menschen nicht als distanzierten »Künstler«, sondern als neugieriges Individuum, auf der Suche nach neuen Wegen, sich zu entfalten, zu entwickeln und den Augenblick zu genießen. Sie benutzte ihr Tagebuch nicht als Flucht vor dem Leben, sondern als Medium, um intensiver und bewusster zu leben.

Für Anaïs Nin waren Kreativität und Selbsttherapie untrennbar miteinander verwoben. Sie beschrieb die Entwicklung, die sie in ihrem Tagebuch entdeckte, als eine Reise von »Subjektivität und Neurose zu Objektivität, Entfaltung und Erfüllung«. Diese Harmonie von individueller Weiterentwicklung und Kreativität ist Basis und Leitmotiv des Neuen Tagebuchs.

Mein Anliegen ist es, Ihre Intuition zu wecken, damit Sie Ihr eigenes Tagebuch gestalten können. Aus Erfahrung weiß ich, dass jeder Mensch selbst ganz intuitiv für sich die besten Methoden entwickelt. Sie passen sich den jeweiligen Veränderungen und Bedürfnissen der Lebensumstände an. Flexibilität, Offenheit und der Wille zu experimentieren gehören mit dazu. Durch Ihre ganz individuelle Art zu schreiben, entwickeln Sie sich selbst – und dabei möchte ich Ihnen mit der Anleitung zu Ihrem Tagebuch zur Seite stehen.

2. Anfänge

DER MALER PAUL GAUGUIN begann sein Tagebuch mit dem Satz: »Dies ist kein Buch.« Er wiederholte ihn immer wieder, um sich in Erinnerung zu rufen, dass Tagebuchschreiben nicht mit dem Schreiben eines Romans oder einer Erzählung vergleichbar ist. Gauguin wollte sein Tagebuch so gestalten, wie er malte: Zunächst nur ein paar experimentelle Farben auftupfen, je nach Intuition mehr hinzufügen und seiner Stimmung folgen – wie er »dem Mond folgte« – und dabei Muster im Zufall entdecken.

Damit Sie die vielfältigen Möglichkeiten und Vorteile eines Tagebuchs kennen lernen können, sollten Sie zunächst vergessen, was man Ihnen bisher zum Thema Schreiben beigebracht hat. Tagebuchschreiben ist frei von Regeln. Alles ist möglich. Sie können nichts falsch machen. Hier gibt es keine Fehler: Sie können jederzeit Ihr Thema und Ihren Stil, Ihre Meinung ändern, einen andersfarbigen Schreibstift nehmen, die Zeit wechseln, eine andere Sprache benutzen oder den Ansprechpartner wechseln. Sie können Rechtschreibfehler machen, Grammatik außer Acht lassen, falsche Daten einfügen, übertreiben, fluchen, beten, prahlen, poetisch, sprachgewaltig, wütend oder liebevoll schreiben. Sie können Fotos, Zeitungsausschnitte, geplatzte Schecks, Briefe, Zitate, Skizzen, gepresste Blüten, Visitenkarten oder Etiketten einkleben. Sie können auf liniertem Papier schreiben oder auf kariertem, auf handgeschöpftem oder recyceltem. Sie können auf Band sprechen und später abschreiben (obwohl das für die meisten Leute zu zeitintensiv ist). Sie können Ihr Neues Tagebuch auf der Schreibmaschine tippen oder über ein Textverarbeitungssystem eingeben.

Es ist Ihr Tagebuch, es gehört Ihnen allein. Sie können es übersichtlich oder chaotisch gestalten, täglich oder sporadisch schreiben. Sie brauchen sich keinerlei Beschränkungen auferlegen. Natürlicher

Fluss, Spontaneität und Intuition sind dabei die Schlüsselworte. Und: Sie müssen nicht planen, was Sie tun wollen, Sie werden entdecken, was Sie getan haben, wenn es auf der Seite steht.

Die Buchauswahl

Obwohl manche Menschen vielleicht lieber am Computer arbeiten, empfehle ich immer, mit einem unlinierten, gebundenen Buch zu beginnen. Gerade am Anfang kann es wichtig sein, das richtige Buch für sich zu finden, um den freien Schreibfluss, Spontaneität und Experimentierfreudigkeit anzuregen. Die äußere Form eines Buchs kann *was* und *wie* man es nutzt beeinflussen. Kleine Bücher mögen zwar den Vorteil haben, dass man sie überall mitnehmen kann, führen aber manchmal dazu, dass man verkrampft, kontrolliert und aphoristisch schreibt. Großformatige Bücher bieten Platz zur freien Entfaltung und laden zusätzlich zum Zeichnen und anderen Gestaltungsformen ein.

Die einheitliche Form jener Ein- oder Fünf-Jahres-Tagebücher, die viele von uns in der Kindheit geführt haben, hat beispielsweise auch die Art des Schreibens beeinflusst. Das kleine Büchlein, das ich einmal zu Weihnachten bekam, hatte jedenfalls auch dann noch Einfluss auf Inhalt und Stil meiner Einträge, als ich schon das Buch selbst vernichtet hatte.

Mein erstes Tagebuch war, wie viele andere, die ihm folgten, ein Kalendarium, in dem pro Tag eine linierte Seite zur Verfügung stand. Deshalb glaubte ich, dass ich jeden Abend eine Seite mit täglichen Ereignissen füllen sollte. Mit der Zeit empfand ich diese unnatürliche Pflicht als zu belastend und einengend, und da ich manchmal viel zu sagen hatte oder tagelang zu schreiben vergaß, gab es darin sowohl leere wie auch zusätzlich eingelegte Seiten. Ein Freund erzählte mir, dass er mit neun Jahren das Problem löste, indem er am Wochenende für die ganze Woche im Voraus schrieb. Jeden Tag wiederholte er dasselbe: »Ging zur Schule …«, »Ging zur Schule …«, »Ging zur Schule …«

Wie die meisten Tagebücher für Kinder und Jugendliche hatte auch meines ein kleines Schloss. Deshalb glaubte ich, dass in Tagebücher Geheimnisse gehörten und dass Geheimnisse vor allem etwas mit Mädchen in der Pubertät zu tun hätten. Aber jeder wusste, dass dieses jämmerliche Schloss mit einer Sicherheitsnadel geknackt werden konnte. Daher wagte ich nie, meine wahren Gefühle aufzuschreiben, so dass diese allmählich sogar für mich selbst zu einem Geheimnis wurden.

Auch der Einband meines Buchs suggerierte, was darin enthalten sein sollte. Das Design war Ende der fünfziger Jahre weit verbreitet: kleine Blümchen auf hellblauem Untergrund, zwei Bienen, die aufeinander zu flogen, über den Bienen eine rosafarbene Wolke, in der die Worte »Mein wundervolles Jahr« standen, darunter ein stupsnasiges Mädchen in einem rosafarbenen Kleid. Zu ihren Füßen lag ein rothaariger Junge mit derselben Stupsnase. In der einen Hand hatte er eine gelbe Blume, die er dem Mädchen hinhielt. Das Mädchen schien dem Jungen aus dem Tagebuch vorzulesen, und der Junge lächelte glücklich.

Ich begriff die Botschaft und schrieb in jenem Jahr von all den Jungen, für die ich schwärmte, und über nichts anderes. Gegen Ende des Jahres schämte ich mich, dass ich die Forderung aus der rosa Wolke nicht hatte erfüllen können, und noch mehr schämte ich mich, dass ich keinen Freund gefunden hatte, dem ich aus meinem Tagebuch vorlesen konnte. Stattdessen las meine Mutter es. Anschließend verbrannte sie es empört.

Noch dreizehn Jahre später, als ich begann, in einem unlinierten, neutralen Band Tagebuch zu führen, wirkte die Botschaft jenes alten Designs nach. Nun hatte ich einen Freund, und ohne zu begreifen, warum, schrieb ich das Tagebuch an und für ihn. Er las kein einziges Wort davon, doch ich richtete meine Einträge noch lange, nachdem unsere Beziehung beendet war, in Gedanken an ihn. Eines Abends kritzelte ich plötzlich, ohne zu begreifen, was ich tat, in großen Buchstaben quer über die Seite:

LASS DIESE SEITE ZUM ERSTEN MAL FRAU SEIN.

Und dann:

VOR MIR LIEGT NICHTS ALS LEERE. ICH WEISS NICHT, WO ICH ANFANGEN SOLL …

In diesem Moment, auf dieser Seite begegnete ich endlich mir selbst – als Adressat für mein Tagebuch. Zurückblickend war dies einer der wichtigsten Augenblicke meines Lebens.

Das unstrukturierte Buch, das ich damals führte, unterstützte tatsächlich die Befreiung, die ich erlebte. Auf den Seiten dieses leeren Buchs ohne Einteilungen und Anweisungen begann ich, das Muster, nach dem ich lebte, zu entdecken. Manche Menschen haben Hemmungen, in ein leeres Buch ohne Linien, Einteilungen oder Daten zu schreiben. Ich jedoch finde, dass für das Ich die Zeit einer leeren Seite gleicht und subjektiv lang oder kurz ist, schnell oder langsam verstreicht. Auf die leere Seite stellt man gleich oben das Datum, – falls es überhaupt eine Regel beim Tagebuchschreiben gibt, dann diese: Zu jedem Eintrag gehört ein Datum. Sonst fehlt Ihrer persönlichen Geschichte der Wegweiser. Ob Sie oft schreiben oder nicht, ob Sie viel schreiben oder wenig, erst das Datum macht Ihr Tagebuch zur persönlichen Dokumentation. Dass bei der Arbeit am Computer eine Tagebuchsoftware das Datum bereits für Sie einfügt, ist ein Vorteil, damit Einträge nicht verloren gehen. Weitere Formatvorgaben können jedoch den Autor und seinen Stil einschränken.

Es gibt Menschen, die sogar ohne die zwanglose Form des unlinierten, gebundenen Buches auskommen. Sie führen Tagebuch, ohne es zu bemerken – auf Papierfetzen notieren sie, wenn ihnen ein Geistesblitz, ein Traum oder ein Gedanke brauchbar erscheint. Häufig werden diese Papierfetzen datiert und gesammelt. Obwohl dieses System den Vorteil echter Spontaneität besitzt, hat es auch Nachteile. Einträge können verloren gehen, die Reihenfolge kann vertauscht werden, und oft erlischt der Wunsch, das Geschriebene nochmals zu lesen beim Anblick der chaotischen Papierfragmente. Außerdem kann es durchaus interessant sein, spontane Augenblicksnotate auf einem Briefkuvert oder Zeitungsrand notiert, in Ihr Tagebuch zu integrieren, indem Sie sie in Ihr Buch einkleben oder heften.

Wenn Sie ein Tagebuch aussuchen, ist es wichtig, den Mittelweg zu finden zwischen der Kladde, die auseinander fallen könnte, und dem Schmuckstück, in das man sich kaum zu schreiben traut, zwischen dem besonders schönen Buch, das ausdrückt, was man sich selbst Wert ist, und einem Buch, das uns genügend kreative Freiheit lässt, wie man sie braucht, um sich uneingeschränkt entfalten zu können.. Die so genannten Blankbooks oder Blankobücher, wie sie in den meisten Schreibwarenhandlungen und Geschäften für Künstlerbedarf angeboten werden, sind preiswert und stabil und erlauben Ihnen, in Ihren Einfällen spontan zu sein.

In der Zeit, in der ich versucht habe, mein Tagebuch mit dem Computer zu schreiben, um dann letztlich doch wieder auf die gebundenen Bücher zurückzugreifen, sprach ich mit vielen Leuten, die auf ihren Computer schwören. Für sie ist unter anderem besonders das Passwort, das ihre Einträge vor fremdem Zugriff schützt, ein großer Vorteil. Andere sind von der Möglichkeit, durch Schlüsselwörter Einträge wiederzufinden und katalogisieren zu können, angetan. Es sind oft Menschen, die ohnehin viel mit dem Computer arbeiten und denen das Tippen leichter fällt als das Schreiben mit der Hand. Manche arbeiten in einem Büro und nutzen jede Chance, ihr Tagebuch dort nebenbei zu führen – manchmal heimlich oder in den Pausen.

Für andere kreative Menschen ist der Computer attraktiv, weil er es ihnen ermöglicht, ihr Tagebuch vielen anderen Lesern zugänglich zu machen. Neben den Tagebuchforen, in denen Mitglieder online ihre Einträge öffentlich machen, stellen Tausende von Tagebuchschreibern ihre Einträge auf so genannte *blogs* – Web logs –, individuellen Websites oder Gruppensites. Die meisten veröffentlichen unter einem Pseudonym. Bisher fehlten den *blogs*, die ich gelesen habe, das aktive Gespräch mit dem Ich. Oft werden Tagebücher im Web vor allem veröffentlicht, um Leser aufmerksam zu machen, zu beeindrucken und sich interessant zu machen, was dazu führen kann, dass sich der Autor so darstellt, wie er am liebsten gesehen werden möchte, statt Eigenschaften seiner Persönlichkeit zu entdecken, die er selbst noch nicht kennt.

Ich vermeide Ringbücher als Tagebücher. Sie erinnern mich an Schulmaterial und verleiten womöglich dazu, sich zu ausgiebig mit abheften, sortieren, bearbeiten oder entfernen einzelner Blätter zu beschäftigen.

Viele Tagebücher werden bereits in der Anfangsphase wieder aufgegeben, weil der Autor zu selbstkritisch ist. Daher sind gerade zu Beginn Bücher günstiger, die spontane Einträge fördern und nicht zur Bearbeitung verleiten, – und gebundene Bücher scheinen mir diesen Zweck am ehesten zu erfüllen. Manche Autoren arbeiten gleichzeitig mit verschiedenen Büchern für verschiedene Zwecke: eines für ihre Träume, ein anderes für Fantasien, ein drittes für Gedanken und Erfahrungen, ein weiteres für kreative Inspirationen. Die Heldin in Doris Lessings *Das goldene Notizbuch* hat zunächst vier verschiedenfarbige Notizbücher, die der Fragmentierung ihrer Persönlichkeit entsprechen. Gegen Ende des Romans beschließt sie: »Ich werde die vier Notizbücher wegpacken. Ich beginne ein neues – mein ganzes Ich in einem Buch.«

Es gab eine Zeit in meinem Leben, in der ich unter beträchtlichem Stress stand, und in dieser Zeit führte auch ich drei verschiedene Tagebücher. Heute benutze ich ein großes Buch, das Platz für alle Ausdrucksformen hat. Hier führe ich alle Seiten, alle Aspekte meiner Person an einem Ort zusammen. Obwohl mein Buch unhandlich ist, bietet das große Format und die Seitenzahl den Vorteil, dass ich es lange Zeit nutzen kann. Irgendwann scheint mir das Buch die Energie, die durch mich eingeflossen ist, zurückzugeben. Wenn ich es in die Hand nehme und sein Gewicht spüre, fühle ich mich augenblicklich geerdet, verankert, zu Hause. Durch dieses Buch habe ich so viele Lösungen gefunden und vernichtende Erfahrungen in positive Energie verwandelt, dass mir heute allein die Berührung Trost, Sicherheit und Geborgenheit vermittelt.

Für manche Tagebuchautoren ist die Wahl des Schreibgeräts ebenso wichtig wie ihr Tagebuch. Ob Füller oder Kugelschreiber, ob verschiedene Farben für verschiedene Inhalte; Sie müssen selbst ausprobieren, mit welchem Stift Sie am liebsten arbeiten.

Ich schreibe mein Tagebuch lieber mit der Hand, weil mein

Körper dadurch direkt mit der Seite kommuniziert. Obwohl meine Handschrift furchtbar sein kann, weiß ich die Variation zu schätzen – manchmal sind die Buchstaben gedrängt, manchmal ordentlich, manchmal ungeschickt und mühsam, gelegentlich stark zu einer Seite geneigt. Wenn ich meine Einträge lese, sagt mir die Handschrift so viel wie die Wörter; sie erinnert mich an die Gefühle, mit denen ich den entsprechenden Eintrag geschrieben habe.

Ob Sie Ihr Tagebuch mit dem Computer oder mit der Hand schreiben, auf handgeschöpftem oder auf billigem Papier, wichtig allein ist, dass Sie auch hier herausfinden, auf welchem Papier sie am liebsten schreiben, aber scheuen Sie sich nicht, Vorlieben aufzugeben und Gewohnheiten zu ändern.

Einige Richtlinien für den Anfang

Anfängern, die mich fragen, wie man ein Tagebuch schreibt, antwortete ich normalerweise: »Schreiben Sie schnell, schreiben Sie viel, lassen Sie nichts aus, schreiben Sie aus dem Gefühl, aus dem Körper, akzeptieren Sie, was kommt.« Alles weitere scheint sich von allein zu entwickeln. Dennoch gibt es ein paar Richtlinien, die es wert sind, genannt zu werden. Es sind ausschließlich Vorschläge, die Ihnen die Arbeit gerade zu Beginn erleichtern.

SCHREIBEN SIE SPONTAN. Folgen Sie Ihrer Intuition, spielen Sie, probieren Sie Neues, lassen Sie die Worte fließen, ohne gleich zu urteilen. Es gibt kein »muss« oder »nicht dürfen«, wenn man Tagebuch schreibt. Sie müssen nicht über etwas schreiben, weil Sie glauben, Sie müssten es, und Sie sollten sich nicht scheuen, über etwas zu schreiben, was sich angeblich nicht gehört. Schreiben Sie so schnell, dass Sie nicht wissen, was als Nächstes kommt. Geben Sie dem Unerwarteten Raum. Überraschen Sie sich selbst.

Schreiben Sie, wenn Sie sich danach fühlen, – wenn Sie Erleichterung von emotionaler Spannung brauchen, wenn Sie sich über etwas Klarheit verschaffen wollen, wenn Sie sich inspiriert fühlen. Zwingen

Sie sich nicht zum Schreiben, wenn Sie eigentlich keine Lust oder Zeit haben. Das Tagebuch erlaubt Ihnen, Ihre Zeit zu nutzen, *wenn* Sie sie haben, verlangt aber nichts, falls Sie keine haben. Wie in der Poesie ist Schweigen ein Teil der Form. Die Leerräume zwischen den Einträgen könnten vielleicht ungewöhnliche Aktivität, fehlende Erlebnisse oder Abwesenheit bedeuten. Das Schweigen in Tagebüchern kann so viel erklären wie Worte.

Manche Tagebuchautoren fühlen sich aus dem Gleichgewicht gebracht, wenn sie mehrere Wochen nicht schreiben. Für sie ist das ein Hinweis darauf, dass sie ihrem Inneren aus dem Weg gehen. Sie sollten aber Ihrer Stimmung Ebbe und Flut zugestehen und Ihre Rhythmen achten und frei entscheiden, wann Sie schreiben wollen. Ihr Rhythmus erzeugt sein eigenes Muster, und aus Intuition, Spontaneität und scheinbarem Chaos entsteht schließlich eine Struktur.

Fürchten Sie sich nicht davor »zu langweilen«. Versuche, besonders interessant zu schreiben, können zu Übertreibung und Verzerrung führen. Langeweile entsteht durch mangelnde Nähe zu sich selbst, die Lösung dafür heißt, auf die wahren Gefühle zurückzugreifen. Gerade Tagebücher offenbaren, dass jedes Leben so interessant oder langweilig ist, wie es wahrgenommen wird. Das Leben eines Einsiedlers kann überaus interessant sein, das einer Berühmtheit vielleicht tödlich langweilig. Urteilen Sie also nicht über das, was Sie schreiben. Vertrauen Sie sich selbst.

Schreiben Sie aufrichtig. Ehrlichkeit in Tagebüchern hat weniger mit »der Wahrheit« zu tun als damit, wie Sie Ihr »wahres Ich« für sich selbst enthüllen – im Gegensatz zu der Maske, die Sie in der Öffentlichkeit tragen, um einen bestimmten Eindruck zu machen. Dazu gehört die Offenheit auszusprechen, was Sie wirklich fühlen, wollen, glauben, wie Sie sich tatsächlich entscheiden würden. Dieses wahre Ich kann im Tagebuch zum Mittelpunkt Ihres inneren Lebens werden.

Nur wenige Tagebuchautoren belügen sich in ihren Büchern, aber viele haben Hemmungen, über sehr intime Situationen oder Empfindungen zu schreiben. Wer über seine Erfahrung berichtet, kann sich natürlich so darstellen, wie er von seiner Umgebung gesehen werden möchte, statt über die weniger sichtbaren Eigenschaften der eigenen Person zu schreiben. Ein Beispiel:

»Hab mit Caroline zu Abend gegessen. Sie hat einen neuen Job als Modeberaterin. Anschließend habe ich sie nach Hause gefahren«, sagt wenig über den Schreiber. Vielleicht verschweigt er etwas aus Verlegenheit oder Schüchternheit, vielleicht fürchtet er, »nicht nett«, »unweiblich« oder »unmännlich« zu wirken. Aber wenn er sich vornähme, Gefühle und Reaktionen so darzustellen, wie sie waren, könnte er eine unerwartete Dimension seiner Persönlichkeit entdecken und neue Einsichten gewinnen, für die er bisher nicht offen war.

Der Schreiber könnte sich zum Beispiel fragen: »Was habe ich ihr gegenüber empfunden? Wie habe ich reagiert, als sie mir von ihrer neuen Stelle erzählt hat? Was habe ich wirklich gefühlt? Und wie geht es mir jetzt damit?« Solche Fragen, im Tagebuch gestellt, regen zu spontanen Aussagen an, die einiges über Ihre Person enthüllen. Keine Sorge, – wenn Sie sich empfindsam und verletzlich fühlen; das bedeutet fast immer, dass Sie sich in Ihrem Tagebuch ehrlich äußern.

Viele Tagebuchautoren lassen aus Furcht, zu selbstbezogen zu sein, große Teile ihrer Wahrnehmungen, Reaktionen und ihrer Gefühle aus. Sie beschreiben andere Menschen und Ereignisse, vergessen dabei aber, sich selbst als Beobachter mit ihrer eigenen Ansicht und Meinung einzubeziehen. Das Tagebuch sollte jedoch in erster Linie dazu da sein, sich selbst besser kennen zu lernen. Natürlich ist in Ihrem Tagebuch auch Raum, andere Menschen zu beobachten und zu beschreiben, besonders wenn es sich um Menschen handelt, die Ihnen nahe stehen. Aber wenn solche Einträge überwiegen, kann das ein Zeichen dafür sein, dass Sie sich zu stark an anderen orientieren.

Stellen Sie sich während des Schreibens Fragen: »Was habe ich gefühlt? Was habe ich über das, was passiert ist, gedacht? Was habe ich ihm oder ihr gegenüber in diesem Moment empfunden? Wie habe ich reagiert? Gab es irgendetwas, was ich sagen wollte, aber nicht gesagt habe? Was hätte ich mir wirklich als Ausgang des Geschehens gewünscht? Was will ich in dieser Beziehung? Hat das, was ich getan habe, mit dem, was ich mir wünsche, übereingestimmt? Habe ich Geheimnisse vor mir selbst?«

Sie können diese Fragen in Ihr Tagebuch schreiben und beantworten. Das wird Ihnen helfen, sich ehrlich mit Ihrer eigenen Person auseinander zu setzen.

Tiefe bitte! Sie können durch Ihr Tagebuch so viel gewinnen, wie Sie einbringen. Eine große Enttäuschung für Tagebuchautoren ist, wenn sie beim Lesen alter Einträge den Eindruck haben, sie seien nur an der Oberfläche eines Problems geblieben. Später fragen sie sich, warum sie nicht über die wichtigen Dinge ihres Lebens geschrieben haben. Auch Anaïs Nin ging es so. Als sie die Tagebücher ihrer Kindheit las und zur Veröffentlichung bearbeitete, stellte sie fest, dass sie viele entscheidende Dinge ausgelassen hatte – ihre Scham über eindeutige Angebote, als sie für einen Künstler Modell stand, ihre Gefühle ihrer Familie gegenüber, ihre innersten Gedanken.

Anaïs Nin gewöhnte sich später an, vor dem Schreiben ein paar Minuten still da zu sitzen. Sie schloss die Augen und ließ das wichtigste Ereignis oder Gefühl seit ihrem letzten Tagebucheintrag zurückkehren und gestaltete so den ersten Satz ihres neuen Eintrags.

Wenn Sie sich Anaïs Nin zum Vorbild nehmen, spüren Sie intuitiv, was für Sie wichtig ist. Hatten Sie einen Traum, an den Sie sich erinnern möchten? Haben Sie jemanden kennen gelernt, der Bedeutung in ihrem Leben erhalten könnte? Haben Sie eine wichtige emotionale Erfahrung gemacht? Hatten Sie eine Idee oder eine plötzliche Erinnerung, die Sie erhalten möchten? Machen Sie sich über etwas Sorgen? Was Sie stark berührt, ist auch für Ihr Tagebuch bedeutend. Was andere davon halten, ist unwichtig.

Richtig schreiben? Die meisten Menschen haben, was das Schreiben angeht, ausgerechnet durch die Schule gelernt, ernsthafte Hemmungen zu haben. In der Schule gab es die Einteilung in gut oder schlecht, in richtig oder falsch, als ob das Schreiben und grammatikalische Fehler gegen die Moral verstößen.

Jahrhundertelang gab es jedoch keine allgemein gültige Rechtschreibung oder fehlerfreie Grammatik. Das änderte sich erst im 18. Jahrhundert, als ein paar andere Gentlemen in England und die

Brüder Grimm in Deutschland fanden, dass einheitliche Schreibregelungen für alle Menschen von Nutzen seien. Das Ergebnis war eine willkürliche Reglementierung der Sprache, die sich bis dahin frei entwickelt hatte.

Leider waren die meisten Regeln, die sie aufstellten, nicht logisch; eine lebendige Sprache kann eben nicht als Wissenschaft im buchstäblichen Sinne betrachtet werden. Shakespeare, der doppelte Verneinungen benutzte und seinen eigenen Namen verschieden schrieb, wäre bei jedem Diktat durchgefallen. Den Theoretikern gelang es jedoch, den Unterricht in den Schulen zu beeinflussen. Heute wissen gebildete Lehrer, dass sich die Sprache wie alles verändert und entwickelt, und dass Fehler, die häufig gemacht werden, möglicherweise eines Tages als richtig im Wörterbuch stehen.

Tagebuchautoren schreiben traditionell in der Umgangssprache – so, wie die Menschen alltäglich reden. Deshalb nutzen Linguisten Tagebücher gern als Quelle für die Alltagssprache der jeweiligen Zeit. Wer sich jedoch schriftlich um eine Stelle als Lektor oder Korrektor bewirbt, wird sicher so klug sein, sich an die Rechtschreib- oder Zeichensetzungsregeln zu halten. In Ihrem persönlichen Tagebuch ist das nicht nötig. Sie schreiben ja allein für sich selbst. Die Sorge, ob etwas korrekt geschrieben ist, verlangsamt nur Ihr Tempo und behindert Ihren Gedankenfluss.

Tagebuchanfänger sind oft unsicher, was ihren Stil angeht, aber der eigene Stil entwickelt sich durch das regelmäßige Schreiben mit der Zeit von selbst. Zu Anfang ist es nur wichtig, Geduld mit sich zu haben und zu akzeptieren, egal wie Sie schreiben. Sie werden feststellen, dass Ihre Stimme und Ihr natürlicher Schreibstil sich weiter entwickeln, je länger und je regelmäßiger Sie Tagebuch führen.

Ihr erstes Ziel ist, fließend zu schreiben, ohne anzuhalten, ohne zu korrigieren. Viele Tagebuchautoren haben schon bereut, zu früh in ihren Einträgen gestrichen und korrigiert zu haben. Es ist sinnvoller, Ihrem Text erst später neue Einsichten und Erkenntnisse hinzuzufügen, auch dann, wenn sie vielleicht den vorigen widersprechen. Erst mit zeitlichem Abstand können Sie beurteilen, was in einem Tagebuch wirklich wichtig für Sie ist. An manchen Ausdrucks- oder

Rechtschreibfehlern erkennen Sie später plötzlich eine zusätzliche, neue Bedeutung. »Freud'sche Fehlleistungen« überraschen Sie und weisen auf noch unbewusste Gefühle hin. Einmal schrieb ich statt »Wes«, so hieß der Mann, von dem ich mich trennen wollte, versehentlich »was« (also »war«). Mein Unterbewusstsein war mir wohl schon einen Schritt voraus.

Die Hand sagt die Wahrheit. Deshalb schreiben Sie rasch und ohne nachzudenken, im Vertrauen auf das, was sich ungewollt dabei offenbart.

Schreibfehler gehören zum Tagebuch wie zum Leben. Anaïs Nin dazu: »Das Tagebuch ist der Ort, an dem man sich nicht um Perfektion sorgen muss.«

Das Publikum wählen. Manche Menschen schreiben Tagebuch mit einer ganz konkreten Absicht – als Dokument für die Enkel, denen sie etwas über sich und die Familiengeschichte hinterlassen möchten, zum Beispiel. Meist jedoch ist ihr Publikum das eigene Ich. Stellen Sie sich als Ihren Leser nach etwa fünf, zehn, oder fünfzig Jahren vor, das wird Sie ermutigen, konkret zu schreiben und möglichst viele Einzelheiten einzuflechten, die das Lesen spannend und interessant machen. Nur dann können Sie sich nach zehn Jahren vorstellen, was Ihnen einmal sehr wichtig war.

Widersprüche verstehen. Wenn Sie sich beim Schreiben treu sind, das heißt, ehrlich und offen sind, werden Sie sich häufig widersprechen. Sie werden nicht nur ablehnen, was Sie tags zuvor noch gelobt haben; es kann auch sein, Sie werden in ein und demselben Eintrag eine ganz abweichende Meinung vertreten. Aber im Neuen Tagebuch geht es weniger um eine objektive Wahrheit: Als Autor betrachten Sie das Leben in einem bestimmten Augenblick unter bestimmten Voraussetzungen und versuchen die Ereignisse in größerem Zusammenhang zu verstehen.

Der Tagebuchautor dokumentiert eine Vielzahl von Erkenntnissen und Einsichten, die sich auf den ersten Blick widersprechen mögen, die sich aber im Laufe der Zeit zu einer neuen Erkenntnis oder Wahrheit verändern können. Besonders nützlich ist Ihr Tagebuch für Sie, wenn Sie etwas aus verschiedenen Perspektiven sehen: Sie können sich etwas wünschen und gleichzeitig auch fürchten, etwas sowohl schön wie auch scheußlich finden. Ambiguität ist ein Hauptmerkmal von Aufrichtigkeit in Texten. Es ist auch ein Merkmal tief empfundenen, intensiven Lebens.

Unterdrücken Sie in Ihrem Tagebuch weder Gedanken noch Gefühle, auch dann nicht, wenn Sie sie verstören oder ängstigen. Beschreiben Sie ein solches Gefühl und lassen Sie zu, dass es Sie weiter führt, vielleicht ein anderes auslöst. »Ich mag sie nicht. Eigentlich mag ich sie doch.« Die Wahrheit steckt in der Summe verschiedener Aussagen, Sie können sie nur dann erkennen, wenn Sie sie aussprechen. Während Sie schreiben, sollten Sie ganz den Gefühlen und Gedanken in diesem Augenblick treu sein.

Walt Whitmans Verse aus *Ein Lied über mich* lassen sich hervorragend aufs Tagebuchschreiben anwenden:

Widerspreche ich mir?
Nun gut, dann widerspreche ich mir eben.
(Ich bin groß, in mir liegt vieles.)

Womit anfangen?

Mein Rat auch hier: Schreiben Sie schnell, schreiben Sie über alles, akzeptieren Sie alles, was Ihnen in den Sinn kommt. Wenn Sie regelmäßig schreiben, werden alle wichtigen Erinnerungen zurückkehren. Beginnen Sie Ihr Tagebuch gleich, jetzt. Vielleicht wissen Sie schon, wie Sie beginnen wollen, wenn nicht, können Ihnen die folgenden Vorschläge helfen.

Beginnen Sie damit, diesen Augenblick zu beschreiben

Oder etwas, das vor kurzem geschehen ist. Indem Sie zum Beispiel diesen Augenblick mit einem Bild oder einem Gefühl vergleichen. Das führt Sie direkt in die Gegenwart. Wo befinden Sie sich gerade?

Wie leben Sie? Was denken, fühlen, erleben Sie? Was wünschen Sie sich? Was fürchten Sie? Was schätzen Sie? Wer ist Ihnen wichtig? Welche Bedeutung hat dieser Augenblick im Hinblick auf Ihr derzeitiges Leben? Was verändert Ihr Leben? Auf welche Weise verändern Sie sich? Was wünschen Sie sich?

Oder beschreiben Sie einen Lebensabschnitt, der von großer Bedeutung für Sie war. Ira Progoff hat eine meditative Übung entwickelt, mit der man die unmittelbare Vergangenheit ins Bewusstsein zurückholen kann. Diese vergangene Periode – oder dieses Kapitel Ihres Lebens – kann einen Monat, fünf Monate, zwei Jahre oder sieben Jahre gedauert haben. Etwa die Zeit, in der Sie verheiratet waren, geschieden wurden, in eine fremde Stadt gezogen oder ins Krankenhaus gegangen sind, die Stelle gewechselt oder geerbt haben.

Erfahrungsgemäß kommt bei dieser Übung so viel Material zusammen, dass Ira Progoff riet, sich kurz zu fassen. Man solle mit dem entscheidenden Ereignis beginnen, dem Anfang einer Erfahrungsperiode, und von dort aus alle Bilder oder Empfindungen an sich vorbeiziehen lassen, bis man in der Gegenwart angekommen ist. Versuchen Sie, eine entscheidende Zeitspanne in Ihrem Leben durch einen Vergleich zu beschreiben. Zum Beispiel: »Diese Phase war wie eine schmale, überdachte Brücke«, oder: »Es kam mir vor, als ob ich mich auf einer Achterbahnfahrt befand.«

Es kann eine Phase der Furcht oder der Einsamkeit, der Passivität oder Aktivität, eine Zeit der Träume oder der Schlaflosigkeit gewesen sein. Notieren Sie die Erinnerungen daran, ohne zu urteilen oder sich selbst zu zensieren. Wenn Sie feststellen, dass Sie immer wieder innehalten oder sich selbst blockieren oder von all dem, was auf Sie einstürmt, überwältigt werden, starten Sie neu mit dem Satzfragment: »Es war eine Zeit, in der ...«, und vervollständigen Sie den Satz. Das hilft Ihnen, sich auf den Augenblick zu konzentrieren und zu verstehen, wie Sie dorthin gekommen sind. Später können Sie sich fragen: »Was will ich aus diesem Kapitel behalten?«, und: »Wovon möchte ich mich verabschieden?«, und es dann wiederum in Ihrem Tagebuch auch tun.

Beginnen Sie mit einem Selbstporträt. Zeichnen Sie mit Worten ein Porträt von sich, so, wie Sie sich gerade sehen. Schreiben Sie einen kurzen Text und konzentrieren Sie sich auf Bilder und Vergleiche. Welche Ereignisse aus der Vergangenheit haben Sie zu der Person gemacht, die Sie jetzt sind? Und wohin, glauben Sie, führt Sie Ihr Leben im Augenblick?

Beginnen Sie mit dem Tag. Vielleicht haben Sie Lust, Ihren Tagesablauf zu beschreiben. Das kann eine gute Übung sein, wenn Sie über die Alltagsaktivitäten hinaus Gefühle, Gedanken und Reaktionen erforschen, die Sie sonst nicht beachten. Zugegeben, es kann etwas langweilig sein, dies regelmäßig zu tun. Wenn Sie jedoch hin und wieder einen ganz normalen Tagesablauf beschreiben, erfahren Sie etwas darüber, wie Sie Ihr Leben gestalten.

Beschreiben Sie starke Empfindungen wie Traurigkeit, Glück oder Liebe, Hass und Wut. Erklären Sie sich selbst, die Aufgabe Ihres Tagebuchs, zeichnen oder notieren Sie, was Sie beschäftigt, was Sie gerade denken, was Ihnen fehlt oder worauf Sie Lust haben.

Cluster. Manche Menschen kommen anfangs besser zurecht, wenn sie sich nicht in ganzen Sätzen äußern müssen. Für sie ist Meditation und Wort-Clustering geeignet, Gefühle und Eindrücke zu beschreiben. Suchen Sie sich einen ruhigen Ort, schließen Sie die Augen und entspannen Sie Ihren Körper wie zur Meditation. Sobald Ihr Atem gleichmäßig und ruhig geht, konzentrieren Sie sich ausschließlich auf Ihren Atem. Nach einer Weile lassen Sie zu, dass in Ihrem Bewusstsein ein Wort aufsteigt, aber erzwingen Sie nichts und zensieren Sie nicht. Wenn dieses Wort Ihren augenblicklichen Empfindungen entspricht, wiederholen Sie es mit jedem Atemzug. Falls dieses Wort nicht das richtige ist, lassen Sie ein weiteres in Ihr Bewusstsein dringen, so lange, bis Sie überzeugt sind, es sei genau zutreffend.

Dann öffnen Sie die Augen und schreiben Ihr Schlüsselwort auf die Mitte der Seite. Kreisen Sie es ein, dies ist nun Ihr Schlüsselwort. Jetzt fügen Sie weitere Wörter, die Ihnen spontan zu diesem Wort einfallen, hinzu. Auch diese kreisen Sie ein. Dann verbinden Sie die Satellitenwörter durch Linien mit ihrem Schlüsselwort. Zu diesen Satellitenwörtern suchen Sie weitere Wörter, die Sie ebenfalls verbinden. Das ist der Entwicklungsprozess der freien Assoziation. Weil man auf ganze Sätze verzichtet, können auch widersprüchliche und unzusammenhängende Gedanken dazu notiert werden.

Wenn Sie glauben, Ihr Cluster sei vollständig, untersuchen Sie Muster und Inhalte, ob sich daraus Gefühle oder Sorgen erkennen lassen, und schreiben Sie anschließend ein paar Zeilen, was Ihnen dazu einfällt. Durch diese Methode finden Sie eher zu einem Anfang, wenn Sie sich blockiert oder ausgebrannt fühlen.

Das waren einige Vorschläge, wenn Sie ein Tagebuch neu beginnen oder einen neuen Eintrag schreiben möchten. Jedes Mal, wenn Sie es zum Schreiben aufschlagen, sitzen Sie vor einer unbeschriebenen Seite und spüren vielleicht wie ich die Erregung, sich auf etwas Unbekanntes einzulassen. Es ist dieses Ungeplante, Überraschende, was Sie später in Ihrem Tagebuch wiederfinden und was Sie zu sich selbst führen kann. So beginnen Sie, Ihr freies, spontanes, kreatives Ich kennen zu lernen.

3. Privatsphäre: Teilen oder nicht teilen

Jane Carlyle, die Frau des englischen Essayisten Thomas Carlyle, schrieb ironisch am Anfang ihres Tagebuchs, dass diese Beschäftigung durchaus ein entschuldbares Motiv für Mord sei:

> [1855]
> *Ich weiß noch, wie Charles Buller über den Mord an der Duchess of Praslin bemerkte: »Was bleibt einem armen Teufel, dessen Frau Tagebuch führt, schon übrig, als sie umzubringen?« In diesem Satz lag eine gewisse Wahrheit.*

Diese »gewisse Wahrheit« liegt darin, dass es erschreckend sein kann, etwas zu Papier zu bringen, worüber man sonst kaum nachzudenken geschweige es zu formulieren wagt. Anaïs Nin hatte wiederholt einen Alptraum, in dem sie den Inhalt ihres Tagebuchs als so explosiv oder »leicht entflammbar« empfand, dass er das Haus in Brand setzen könnte. Schließlich begriff sie, dass ihre Ängste durch das schlechte Gewissen über ihre kreative Selbstverwirklichung hervorgerufen wurden.

Es nicht ungewöhnlich, dass Menschen, die ein Tagebuch führen, Schuldgefühle, die sie auf ihre niedergeschriebenen Geheimnisse zurückführen, mit Furcht vor der Reaktion anderer verwechseln. Diese Furcht vor Kritik beeinträchtigt die Selbsterkenntnis und kann durch verschiedene Techniken zur Überwindung von Blockaden verhindert werden. Sie sollten jedoch die Schuld für Ihre Ängste und Blockaden nicht anderen zuweisen, sondern sich eine Privatsphäre schaffen, in der Sie sich freimachen können.

Privat und persönlich

Es gibt keine Regel, die sagt, dass ein Tagebuch geheim sein muss, aber es gibt jede Menge Gründe, es geheim zu halten. Sie möchten beispielsweise konkret Erlebtes mit Ihren Fantasien vermischen, ohne die Einträge, die für Sie ganz allein gedacht sind, unerwünschten Mitlesern erklären zu müssen. Sie wollen vielleicht kreative Ideen beschreiben, die missverstanden werden könnten, wenn ein anderer sie liest. Oder Sie könnten Menschen verletzen, weil Sie in Ihrem Tagebuch Dinge ansprechen, die Sie niemals aussprechen würden.

Oft wird ein Tagebuch deshalb begonnen, weil der Autor mit einem Menschen, der ihm wichtig ist, scheinbar unüberwindbare Kommunikationsschwierigkeiten erlebt. Im Tagebuch schreiben Sie vielleicht, was Sie Ihrem Gefährten oder Partner nicht sagen können oder was dieser vielleicht nicht versteht, obwohl Sie es ihm immer wieder verständlich zu machen versuchen. Sie haben vielleicht negative Gefühle einem ihrer Kinder oder einem Elternteil gegenüber, die Sie aus verständlichen Gründen nicht offen aussprechen möchten. Deshalb untersuchen Sie Ihre Gefühle im Tagebuch und verarbeiten Sie vielleicht auf diese Weise. Ihr Tagebuch kann Ihre ganz persönliche Sicht wiedergeben, ohne die Wahrheit als Ganzes, wie Sie sie kennen, darzulegen.

Vielleicht wünschen Sie sich auch nur die Freiheit, ungehemmt von Rechtschreibung und Grammatik oder Angst vor Kritik Alltagsthemen zu behandeln, ohne sich vor anderen für deren Banalität schämen zu müssen. Deshalb möchten Sie Ihr Tagebuch an einem sicheren Ort wegschließen oder Ihre Tagebuchdatei im Computer mit einem Passwort vor dem Urteil von Mitlesern schützen.

Manchmal gerät man in Konflikt zwischen Familie und dem Wunsch nach Privatsphäre. Nicht selten empfindet ein Angehöriger Ihr Tagebuchschreiben als Bedrohung, als Vertrauensbruch oder als Zeit, die Sie ihm durch Ihr Schreiben entziehen.

Aber Diskussionen über Ihr Tagebuch könnten auch zu weiterer Klärung in Ihrer Beziehung zu nahe stehenden Menschen führen. Und für Sie selbst kann Ihr Tagebuch zum Symbol für Unabhängigkeit und Individualität werden. Ihr Bedürfnis nach privatem Freiraum zu verstehen und zu akzeptieren, kann wiederum sowohl zu Ihrer eigenen Entwicklung wie auch der Ihrer Angehörigen beitragen. Was könnten Sie Ihrem Partner erklären? »Hör zu, ich möchte nicht, dass du dich durch das, was ich schreibe, bedroht fühlst. Und ich schreibe auch nicht, um mich negativ über dich zu äußern. Ich schreibe, weil ich mich nicht vor mir selbst verstecken will, weil ich mir über mich selbst so klar werden will, dass ich dir erklären kann, was ich denke und fühle. Je vertrauter ich mir selbst bin, desto offener kann unsere Beziehung werden. Aber es wäre mir peinlich, wenn du liest, was ich einfach so dahinschreibe. Ich muss dieses Buch für mich ganz allein haben, um die Dinge durchzuarbeiten, während sie noch nicht konkret formuliert, sondern unausgegoren, missverständlich und wirr sind.«

Einmal bat ich den Ehemann einer Tagebuchautorin, die mit mir arbeitete, seine Gefühle zu diesem Thema aufzuschreiben. Hier ein kleiner Auszug:

Als sie mit ihrem Tagebuch begann und es deutlich wurde, dass die Qualität des Inhalts leiden würde, wenn ich ihn kannte, fühlte ich mich durchaus bedroht: »Was schreibt sie wohl über mich?« (Die Furcht, meine vermeintliche Überlegenheit zu verlieren) »Wird sie mich weniger brauchen, wo sie jetzt ihr Tagebuch hat?« (Meine Verlustängste) »Kann sie das, was in unserer Ehe passiert ist, auch wirklich richtig wiedergeben?« (Die Furcht, missverstanden zu werden oder sich selbst zu irren). Es ist klar, dass nicht allein der Inhalt des Tagebuchs bedrohlich erscheint, sondern die Ängste in uns, die dann deutlich hervortreten, wenn der Partner von der Illusion des absoluten Zusammenhalts abweicht.

Wenn Menschen, die Ihnen nahe stehen, Ihr Tagebuch anfangs als Bedrohung empfinden, müssen Sie diese Spannungen aushalten und durchstehen. Irgendwann wird es für Sie und alle, die sich betroffen fühlen, ganz selbstverständlich sein. Bis dahin sollten Sie sich an den gerade zitierten Ehemann erinnern:

»Ein Tagebuchautor sollte sich darüber klar sein, welches Unbehagen er mit seinem Tagebuch verursachen kann. Er sollte die Furcht oder Sorge seiner Angehörigen oder Partner darüber nicht als sonderbare Reaktion abtun, die seine Integrität in Frage stellen oder seinem Bestreben entgegenarbeiten wollen.«

Aber bei allem Verständnis für die Gefühle anderer – Sie müssen auch für sich sein können und brauchen Zeit für sich, damit Sie schreiben können. Manche Autoren können ihrer Familie erklären, dass Tagebuchschreiben ein ähnliches Maß an Stille und Konzentration erfordert wie das Üben mit einem Musikinstrument oder das Lesen und Meditieren.

Die Angst vor Bloßstellung darf Sie nicht daran hindern, Tagebuch zu führen. Deshalb sorgen Sie dafür, dass es niemand lesen kann, heben Sie es zum Beispiel in einer tragbaren Kassette mit Schloss auf. Mehrere gesammelte Tagebücher könnten in einem abschließbaren Koffer, in einer Truhe oder einem Aktenschrank untergebracht werden.

Ich kannte einen Mann, der sein Tagebuch im Kofferraum seines Autos versteckte. Eine Frau stellte es zwischen ihre Kochbücher in der Küche, weil sie wusste, dass niemand in der Familie auf die Idee gekommen wäre, dort nachzusehen. Es ist unbequem, ein Tagebuch verstecken zu müssen. Wenn Sie jedoch in Kurzschrift oder einer Geheimsprache schreiben, wird das nicht nur (wie beabsichtigt) den unerwünschten Leser verwirren, sondern vermutlich Jahre später auch Sie selbst.

Wollen Sie Ihr Tagebuch nicht wegschließen oder Ihre Computerdatei mit einem Passwort versehen, dann schreiben Sie, was Sie auf keinen Fall weder aussprechen noch aufschreiben wollen, auf eine separate Seite, die Sie anschließend vernichten. So können Sie sich Ihre geheimsten Gedanken oder Erinnerungen wenigstens »von der Seele« schreiben und Klarheit darüber gewinnen.

Manche Menschen, besonders jene, die schon lange schreiben, berichten mir, dass es sie im Grunde nicht interessiert, ob jemand ihre Tagebücher liest. Andere suchen geradezu nach einer Leserschaft und stellen ihre Einträge ins Internet. Sie als Tagebuchschreiber sollten allein entscheiden, wie viel Privatsphäre Ihnen wichtig ist. Dies variiert nicht nur von Mensch zu Mensch, sondern auch von Lebenssituation zu Lebenssituation. Fragen Sie sich, vor wem Sie Ihr Tagebuch geheim halten wollen, vor welchen Blicken Sie glauben, es schützen zu müssen. Ist es ein Thema, das Ihren Partner betrifft, dann fragen Sie sich, ob Sie selbst anderen Menschen die Privatsphäre zugestehen, die Sie für sich verlangen.

Wenn Sie Ihr Tagebuch nur für sich haben möchten, treffen Sie die entsprechenden Vorkehrungen. Es ist unfair, die Menschen, die Ihnen nahe stehen, der Versuchung eines leicht zugänglichen Tagebuchs auszusetzen und zu erwarten, dass sie widerstehen, darin zu blättern. Übrigens: Das Tagebuch hat seine eigene »Körpersprache«, die dem Verlangen des Autors nach Privatsphäre entspricht. Wenn es offen herumliegt, sagt es vielleicht »Lies mich!«, während ein weggeschlossenes Tagebuch ganz eindeutig nicht aufgeschlagen werden will.

Oder doch lesen lassen?

Möchten Sie jedoch ganz bewusst jemandem Ihr Tagebuch zum Lesen geben? Dann fragen Sie unbedingt vorher, *warum* Sie einem anderen Menschen diesen Einblick gewähren möchten. Welche Reaktionen erhoffen Sie sich davon? Hoffen Sie beispielsweise, dass sich diese Person ändert, wenn Sie ihr ein paar Ihrer Wahrheiten zugänglich machen? Hat sich dieser Mensch bisher allen Umerziehungsversuchen widersetzt, dann wird sich daran vermutlich auch nach dem Lesen Ihres Tagebuchs nichts ändern. Vielleicht müssen Sie sogar mit Zurückweisung rechnen. Wenn Sie also nicht ertragen könnten, möglicherweise die Konsequenzen daraus zu tragen, dann sollten Sie Ihr Tagebuch unter Verschluss halten und andere Mittel zur Kommunikationen suchen.

Besonders warnen möchte ich alle Frauen, die ihre Tagebücher von Ehemännern, Liebhabern oder Lebensabschnittspartnern lesen lassen wollen, denn ihre Erwartungen sind in den meisten Fällen unrealistisch oder enttäuschend. Stattdessen sollten sie auf alles gefasst sein. Ingmar Bergmans Film *Szenen einer Ehe* zeigt uns ein Beispiel für eine nicht ungewöhnliche Reaktion. Marianne, die Ehefrau, hat eine tiefgreifende Wandlung durchgemacht und ihr wahres Ich hinter der Maske gesellschaftlicher Konventionen entdeckt. Ihr Mann, Johann, ermuntert sie, ihm einen für sie bedeutungsvollen Tagebucheintrag vorzulesen. Als sie fertig ist, schaut sie von ihrer Lektüre auf. Johann ist eingeschlafen.

Eine talentierte junge Freundin hatte mir von einer ähnlichen Erfahrung mit ihrem Freund berichtet. Einige Jahre später hatte ich Gelegenheit, diesen Freund zu fragen, warum er damals so desinteressiert gewesen war. Er hatte in den vergangenen Jahren einiges über sich selbst gelernt und war inzwischen in der Lage, Gefühle auszusprechen, die ihm damals nicht bewusst gewesen waren. »Ich war vollkommen eingeschüchtert«, gestand er. »Ihr Innenleben war so vielfältig, interessant, während ich selbst gar keines zu haben schien. Deshalb ignorierte ich ihres genauso wie mein eigenes.«

Es ist immer etwas riskant, Reaktionen und Feedback zu suchen, für das, was man geschrieben hat, besonders wenn es sich um ein Tagebuch handelt. Die meisten Leser, die mit diesen Einträgen konfrontiert werden, hatten vorher noch nie Gelegenheit, solche ungewöhnlichen, originellen, unveröffentlichten und unbearbeiteten Texte einzusehen und wissen nicht, wie sie damit umgehen sollen. Sie suchen nach Einträgen über sich selbst oder Freunde oder nach sexuellen Inhalten und ignorieren den Zusammenhang, in dem diese Einträge stehen. Oft wissen die Leser nicht, dass Tagebücher nicht unbedingt »die Wahrheit« darstellen, sondern auch Fantasien, Wünsche, psychologische Projektionen und Dramatisierungen zum Selbstzweck enthalten können. Leser, die Einträge in der Qualität von veröffentlichter Prosa erwarten, müssen zwangsläufig enttäuscht sein. Im Allgemeinen geht der Leser mit ganz eigenen Erwartungen, alles andere als objektiv und unbelastet, an die Lektüre. Nur selten ist es ihm möglich, Hintergründe und Individualität des Autors zu erkennen.

Daher ist es in einer Partnerschaft besser, nur Einträge zu einem einzelnen Thema lesen zu lassen, statt einem anderen Menschen das ganze Buch anzubieten. Auch hier sollten Sie Ihre Gedanken eher im

Gespräch vermitteln, statt zu hoffen, dass Ihr Tagebuch diese Arbeit für Sie übernimmt. Natürlich gibt es Ausnahmen, Momente großer Nähe, wenn man einen anderen Menschen am eigenen Tagebuch teilhaben lässt. Eine dieser Ausnahmen kann die Tagebuch-Schreibgruppe sein, die sich in regelmäßigen Abständen bei einem der Mitglieder zu Hause trifft. In den fünfundzwanzig Jahren, die seit der ersten Veröffentlichung dieses Buchs vergangen sind, haben sich viele solcher Tagebuch-Gruppen gebildet. Die Teilnehmer einigen sich vorher auf ein bestimmtes Thema und die Schreibdauer. Anschließend kann jeder Teilnehmer vorlesen oder nur einen Kommentar zu dem, was er geschrieben hat, abgegeben. Entscheidend ist, dass auch hier die Privatsphäre gewahrt wird, indem es jedem überlassen bleibt, ob er die anderen am Geschriebenen teilhaben lässt. Auch die Aussage: »Ich möchte nicht lesen«, wird akzeptiert. Kritik hat jedoch in einer solchen Runde keinen Platz. Sie können den Eintrag eines anderen zwar kommentieren oder auch erklären, was Sie empfunden haben, als er vorgelesen wurde, aber geben Sie weder Rat noch Trost. Vertrauen Sie darauf, dass das Tagebuch genügend Kraft spendet.

Erlauben Sie jedem Gruppenmitglied sein eigenes Tempo. Jeder Mensch fühlt instinktiv, wie weit er sich durch sein Tagebuch offenbaren möchte, daher müssen Sie Ihre eigenen Schutzmechanismen als auch die anderen respektieren.

Selbst wenn Sie keinem einzigen Menschen je einen Satz aus Ihrem Tagebuch zeigen, teilen Sie es doch indirekt mit anderen. Denn Ihr Tagebuch wird Sie verändern, Sie weiterentwickeln, so dass Sie das Leben bewusster wahrnehmen und direkter und aufrichtiger werden. In dem Maße, wie Sie sich selbst verstehen lernen, werden Sie dann auch in der Lage sein, mehr Verständnis für andere zu entwickeln. »Das eigene Leben tief empfunden weitet sich immer in eine Wahrheit aus, die über die eigenen Grenzen hinausgeht«, hat Anaïs Nin einmal gesagt.

4. Bausteine und Techniken

TECHNIKEN BEIM TAGEBUCHSCHREIBEN helfen den Autoren bei der Selbstfindung. Sie haben sich durch unzählige Autoren im Laufe der Jahrhunderte unabhängig entwickelt.

Die hier vorgestellten Tagebuch-Techniken sollen keineswegs als die »richtige« oder »beste« Methode, ein Tagebuch zu schreiben, verstanden werden. Ich biete sie Ihnen an, damit Sie unter verschiedenen Möglichkeiten wählen können. Denn Tagebuchschreiben ist kreative Arbeit, etwa so wie das Schreiben eines Romans. Um Ihnen also alle Möglichkeiten aufzuzeigen, ist dieses Kapitel und das nächste den elf Techniken gewidmet, die das Tagebuchschreiben vereinfachen. Aus Bequemlichkeit habe ich sie in vier »natürliche Ausdrucksformen« und sieben »Spezialtechniken« eingeteilt. In der Praxis können sie sich überschneiden oder sich miteinander verbinden.

Vier natürliche Arten des Selbstausdrucks	Sieben spezielle Techniken
Katharsis	Liste
Beschreibung	Porträt
Freies, intuitives Schreiben	Maps of Consciousness
Reflexion	Geführte Imagination
	Perspektivenwechsel
	Der Brief
	Dialog

Diese elf Techniken sind wie Tanzschritte und können zu einem Teil Ihres Repertoires werden, für das Ihre Intuition die Rolle des Choreographen übernimmt. Jeder Tagebuchautor kann wählen, was ihm am besten dient. Noch einmal: Es gibt kein Richtig und kein Falsch.

Die ersten vier Techniken – Katharsis, Beschreibung, freies intuitives Schreiben und Reflexion – werden bei jeder Art des Schreibens genutzt. Sie entsprechen: Emotion, Sensation, Intuition und Intellekt, die uns, entsprechend der traditionellen und modernen Psychologie und Philosophie, zu einem »ganzen« Menschen machen.

Die *Katharsis* setzt Emotionen frei und drückt sie aus; die *Beschreibung* übermittelt die Informationen, die über die Sinne wahrgenommen worden sind; *freies, intuitives Schreiben* ist die Sprache der Intuition. Und in der *Reflexion* kommt der Intellekt zu Wort.

Alle vier Ausdrucksmöglichkeiten können im gleichen Tagebucheintrag enthalten sein, oftmals vermischt. In den folgenden Beispielen, die mir Schüler und Freunde zur Verfügung stellten, habe ich sie der Verständlichkeit wegen, jedoch nach Ausdrucksform getrennt.

Katharsis

Kathartisches Schreiben geschieht meist in Situationen starker Emotion, die nach sofortiger Äußerung verlangt. Das kann ein Ausruf: »Ich bin so wütend!«, sein oder ein zwanzig Seiten langer schriftlicher Eintrag.

Ein junger Bekannter beschrieb es ziemlich dramatisch so: »Statt laut loszuschreien oder ans Fenster zu treten und mit dem Gewehr planlos in die Menge zu ballern, verlege ich den Schrei ins Tagebuch, fange ihn zwischen den Seiten ein, mache das Buch fest zu und setze mein Leben fort.«

Durch kathartisches Schreiben können anspruchsvolle Texte entstehen, die gleichzeitig der Befreiung von einer emotionalen Last dienen. Für die meisten von uns ist es jedoch mühsame Arbeit und weniger Kunst, Wut, Gier, Lust und Trauer im Tagebuch abzuladen. Vergessen Sie dabei nicht, dass das Ergebnis, der Eintrag, nicht Ihren Charakter beschreibt – es ist nur das, wovon Sie sich befreit und gereinigt haben.

Viele Menschen stellen fest, dass ihr Tagebuch nur »Klagen und Jammern« enthält. Ein bekannter Schriftsteller gestand einmal, dass er immer nur dann Tagebuch schreibe, wenn er wütend auf jemanden sei, so dass es mit einseitigen, selbstgerechten, abwertenden Porträts seiner Freunde und Bekanntschaften gefüllt sei. Manche Menschen schreiben nur, wenn sie ratlos und verwirrt sind, wenn sie sich selbst oder ihr Leben zu dieser Zeit nicht verstehen. Wenn sie die Einträge später lesen, empfinden sie sie als widersprüchlich und unzusammenhängend. Andere schreiben ausschließlich, wenn sie gekränkt und verletzt sind, wodurch ihre Einträge schwermütig, pessimistisch und finster klingen.

In diesen Fällen ist die Aufgabe des Tagebuchs, von Zorn, Verwirrung oder Kummer zu befreien, damit der Schmerz, der im Tagebuch verborgen wird, nicht das Leben zerstört. Das Leben wird von destruktiven Emotionen befreit.

Kathartisches Schreiben lässt sich oft an der Handschrift erkennen. Ohne auf den Inhalt der Worte zu achten, kann man die Stimmung am Schriftbild erkennen. Deutlich wird es durch ein unregelmäßiges, sich zu einer Seite neigendes Schriftbild, zittrige, krakelige Buchstaben oder Gekritzel, das quer über die Seite geht. Oft ist die Energie, die in kathartisches Schreiben fließt, bereits eine Art von Erlösung für den Autor. Betrachten Sie solche Einträge als Versuch, die emotionale Balance zurückzugewinnen, und Teil eines Heilungsprozesses.

Manchmal ist kathartisches Schreiben auch an zögernden, lakonischen Sätzen erkennbar. Über den Ausbruch des Zweiten Weltkriegs beispielsweise wird in vielen privaten Tagebüchern mit derselben wortkargen Beschreibung berichtet wie bei Anaïs Nin: »Die Welt ist im Chaos. Panik. Hysterie.« Und manchmal stellt sich kathartisches Schreiben auch als Aufzählung scheinbar unzusammenhängender Gedanken oder Ereignisse dar: »Ich habe finanzielle Probleme, diese verdammte Anlage funktioniert nicht mehr, mir ist diese Beziehung zu intensiv, ich tu ihm weh, mir ist das alles zu viel.« In anderen Fällen nimmt die Katharsis die Gestalt rhythmischer, sich strukturell wiederholender Sätze an: »Tief in mir schreit etwas. Ich will das nicht allein durchstehen. Ich hab gar nicht die Kraft dazu. Ich bin viel zu klein. Ich schaff das nicht. Ich halte das nicht aus. Bitte pass auf mich auf, liebe mich, halt mich.«

Kathartisches Schreiben muss nicht die Realität wiedergeben. Meist enthält es Übertreibungen und Verzerrungen, weil eine nüchterne Darstellung nicht das Ausmaß der Emotion hinter den Worten beschreiben würde. Es kann sich in einem Fluch äußern oder in einem spontanen Ausbruch bisher verborgener Abneigung oder unterdrückter Wut:

Ich fühl mich so zickig, dass ich es kaum glauben kann. Ich hoffe, M. und D. denken, dass ich nur müde bin, aber das ist es nicht. Ich fühle mich zickig und tue erschöpft, weil ich keine Lust habe, nach der langen Fahrt heute Abend noch mit C. zu schlafen, aber ich weiß genau, dass C. noch will, gerade weil er genauso müde ist wie ich. Er kann die ganze Erschöpfung in mich spritzen und es Liebe und mich seine gute Frau nennen. Vergiss es!

Kathartisches Schreiben kann natürlich auch Ausdruck von Aufregung und intensiver Freude sein. Sehr persönliche Tagebücher zeichnen sich durch Stellen intensiver Emotion aus – durch das, »was erzeugt wird, wenn wir unfähig sind, unsere Gefühle zu unterdrücken«, wie es die erste japanische Tagebuchautorin darlegte. Viele Menschen, die Tagebuch schreiben, haben festgestellt, dass sie dieses kathartische

Schreiben als Ventil für ihre Gefühle brauchen, bevor sie sie durch die Verwendung anderer Tagebuchtechniken verstehen oder umwandeln können.

Beschreibung

Beschreibung, vielleicht die geläufigste und vertrauteste Ausdrucksform in Tagebüchern, befriedigt den Wunsch, die Wirklichkeit darzustellen, wie sie ist, oder sie schöner, vielleicht auch hässlicher zu machen. Sie kann erzählende Elemente, Gefühle, Träume oder Darstellungen von Menschen, Gegenden, Ereignissen enthalten, alles aus Ihrem täglichen Leben. Beschreibung befriedigt das menschliche Bedürfnis, »einzigartige« Erlebnisse vor dem Vergessen zu bewahren. Es gibt Augenblicke, die dem Künstler in uns zu wertvoll sind, als dass er sich für immer von ihnen trennen möchte.

Beschreibung gibt keine Realität wieder; sie rekonstruiert die Ansichten und das Erleben eines Menschen. Tagebücher enthalten eher individuelle Wahrnehmung als objektive Betrachtung. Sie geben meist nicht nur wieder, was tatsächlich geschehen ist, sondern wie man das Geschehene gesehen und erlebt hat. Im folgenden Auszug zum Beispiel gelingt der Autorin nicht nur ein verbaler Schnappschuss vom Fudschijama, sondern sie beschreibt auch ihre sehr persönliche Empfindung beim Anblick dieses Bergs:

Um 5 Uhr 25 wachte ich plötzlich auf. Ich lief hastig durch die kalten, mit roten Teppichen ausgelegten Flure zur Eingangstür. Sie war verschlossen. Ich versuchte eine Personaltür in einem anderen Flur, dann noch eine, bevor ich endlich hinaus gelangte. Draußen, im bereiften Gras, standen ein paar Arbeiterholzschuhe, die vor dem Schlamm schützen sollten. Ich schlüpfte in sie hinein und bahnte mir schwerfällig einen Weg durch die Büsche. Plötzlich war ich Teil eines japanischen Holzschnitts. Das hüfthohe Strauchwerk knisterte im Frost. Ich hatte die Sonnenaufgangswelt des Fudschijama betreten, ein perfekter weißer Kegel gegen den blau-weißen Morgenhimmel. Niemand sonst hat es erwähnt, aber ich weiß genau, dass in diesem Augenblick die Welt still stand.

Obwohl die Autorin auf ihrer Japanreise vermutlich noch viele andere ungewöhnlichen Begegnungen hatte, die sie nicht aufgeschrieben hatte, erlebte sie diesen Morgen so intensiv und als etwas so Besonderes, dass sie sie unbedingt im Tagebuch bewahren wollte.

Viele Leute meinen, Beschreibung im Tagebuch müsse ein fortlaufender Bericht des Tagesgeschehens sein. Pflichtbewusst füllen sie die Seiten damit, jede Person, die sie an diesem Tag getroffen haben, und jeden Ort, an dem sie waren, zu erwähnen. Sie erklären, wann sie einkaufen waren und den Hund zum Tierarzt gebracht haben. Wenn sie später ihr Tagebuch lesen, langweilen sie sich – so viele Seiten mit nichts gefüllt.

Sie müssen in Ihrem Tagebuch nicht den Alltag beschreiben; suchen Sie nur das heraus, was Ihnen wertvoll erscheint. Bei der Entscheidung finden Sie Ihre Werte – und sich selbst. Wenn Sie keine Energie mehr darauf verschwenden, Wetter, Verkehr, Nachrichten oder andere Banalitäten festzuhalten, werden Sie merken, dass sich wichtigere Erfahrungen in Ihr Bewusstsein drängen.

Weil Beschreibungen sinnliche Erfahrungen vermitteln, sind sie besonders interessant. Häufig sind zum Beispiel als peinlich empfundene Momente im Tagebuch die witzigsten, weil der Autor sie meist nicht einfach trocken nacherzählt, sondern durch Humor und Ironie verändert und aufbereitet.

Anaïs Nins Tagebücher zeigen, wie stark individuelle Wahrnehmung die Qualität der Ereignisse verändert. Einige Passagen, die sie in ihren Tagebüchern in etwas Zauberhaftes verwandelt, sind im Grunde Alltäglichkeiten, die ein anderer vielleicht übersehen hätte. Sie aber nimmt die Welt um sich herum unmittelbar wahr und findet Bedeutung oder Symbolkraft direkt unter der Oberfläche des Banalen. Wie in diesem Eintrag aus dem Jahr 1943:

In diesem chinesischen Laden kaufte ich einen kleinen papiernen japanischen Sonnenschirm, den ich im Haar trage. Ein delikates Ding aus buntem Papier und zerbrechlichem Bambusgestänge. Das Schirmchen riss. Ich reparierte es mit Klebestreifen.

Als Samuel Goldberg uns zum Abendessen im Chinesenviertel führte,

ging ich in einen Laden, um Sonnenschirme zu kaufen. Die Frau, die meinen Auftrag entgegennahm, war sehr aufgeregt: »Nein, natürlich führe ich die nicht. Es sind japanische Erzeugnisse. Sie haben sie in einem chinesischen Geschäft gekauft? Nun, das mag ja sein, aber deswegen sind sie doch japanisch. Zerreißen Sie ihn und werfen Sie ihn weg.«
Ich blickte auf das Schirmchen in meiner Hand, das unschuldige und zarte, in einem Augenblick des Friedens, jenseits von Liebe und Hass von einem geschickten Arbeiter blumengleich, leichter als Liebe und Hass gemacht. Ich konnte mich nicht dazu entschließen, es fortzuwerfen. Ich faltete es ruhig, um es zu beschützen, wieder zusammen. Ich faltete Zartheit, Frieden, Geschicklichkeit, ein bescheidenes Schmuckstück zusammen, faltete zärtliche Gärten, das zerbrechliche Gestänge menschlicher Träume, die Sehnsucht nach Frieden, den schwachen Papierschutz des Friedens, zusammen, faltete unschuldige Gärten und unschuldige Musik, Unschuld und Traum zusammen.

Der scheinbar unbedeutende Sonnenschirm wird zu einem Symbol, mit dem Nin ihr persönliches Verständnis von Frieden in Zeiten des Krieges ausdrückt.

Nin beschrieb in ihren Tagebüchern nicht nur die Welt, wie sie war, sondern auch, wie sie auf sie wirkte und wie sie sie durch ihre Werte und ihre besondere Wahrnehmung sah. Sie schrieb, weil sie musste – weil sie eine Welt erschaffen wollte, in der sie leben konnte. Und dazu ging sie der Realität nicht aus dem Weg, sondern nahm sie an und gestaltete sie nach ihren Bedürfnissen. Obwohl jene Erfahrung für immer verloren ist, hat sie in der Welt, die sie erschaffen hat, überdauert – durch die Macht der Beschreibung.

Häufig folgt nach einem kathartischen Absatz eine Beschreibung, die den Grund der Emotion erklärt und einen Zusammenhang herstellt. Ein anderes Mal ist die Beschreibung selbst kathartisch: Der Autor befreit sich vom Druck seiner Emotionen und distanziert sich gleichzeitig von dem, was sie ausgelöst hat, was wiederum hilft, sie zu verstehen und zu verarbeiten. Schauen Sie sich den nachstehenden Auszug aus dem Tagebuch eines Arztes in einem Militärhospital in Vietnam an:

Wie es aussieht, führt mich der Tod zu diesem Buch zurück. Heute habe ich einen Patienten verloren. Ein sechsjähriges vietnamesisches Mädchen, das ich nicht einmal zwanzig Minuten kannte. Sie hat nur einmal ihre Augen geöffnet. Sie lag da und streckte Arme und Beine aus, während ihr Vater voller Missfallen zusah. Ich hatte ihm versprochen, dass sie schon wieder gesund würde. Dann starb sie. Ich blies ihr meinen Atem in die Lungen, und ein toter Kehlkopf stieß ihn mit einem leisen Stöhnen wieder aus. Einen Moment lang hatte ich mich täuschen lassen.

Du hasst es zu versagen. Du hasst dich sogar noch mehr, weil dich das Versagen so erschüttert. Du gibst dein Bestes und verurteilst dich selbst durch die Augen deiner Mitmenschen.

Ein Tagebuchautor, der unbewusst von der ersten in die zweite Person überwechselt, hat bereits begonnen, sich von dem Erlebnis zu distanzieren.

Eine Erfahrung zu beschreiben, kann sehr frustrierend sein, weil sich zwischen der Wahrnehmung der Realität und der Fähigkeit, sie in treffenden Worten zu beschreiben, manchmal eine kaum überwindbare Kluft auftut. Aber gerade diese Frustration macht Sie nach und nach fähig zu Beschreibungen, mit denen Sie später zufrieden sind. Sie lernen es, indem Sie es *tun* – wie in jedem Bereich des Lebens. Wie fast jeder Text, der herausgegeben wird, so sind auch die meisten veröffentlichten Tagebücher redigiert worden. Alle Absätze, in denen der Autor nicht in der Lage war, den Zauber einer Erfahrung zu vermitteln, sind gestrichen, verbessert oder neu geschrieben worden.

Der Wunsch, die Wirklichkeit zu beschreiben, bringt Sie dazu, bewusster mit Ihrer Umgebung zu interagieren: zu sehen, hören, fühlen, zu tasten, schmecken und riechen, und sich diese Sinneseindrücke einzuprägen. Diese Eindrücke überzeugend wiederzugeben, hilft Ihnen dabei, Ihren eigenen Prosastil zu entdecken.

Details sind der Schlüssel zu lebendigen Beschreibungen. Wenn Sie nach vielen Jahren einen Eintrag lesen, der Einzelheiten wie die Farbe eines Kleides, die Art, wie sich jemand hinsetzt, was gerade im Radio lief oder worüber zwei Freunde sich unterhielten, wiedergibt, erleben Sie diesen Augenblick unmittelbar noch einmal. Erinnerungen, die Sie schon für verschüttet halten, kehren wieder: Suchen Sie in den Fragmenten Ihrer Erinnerung nach konkreten Details und erlauben Sie den Bildern zurückzukehren.

Im folgenden Auszug erzählt eine Frau um die sechzig, wie sie als junges Mädchen ihre Haare in Locken gedreht hatte, um ihrem Vater zu gefallen:

> *Ich öffnete die Schiebetür zum Esszimmer und steckte meinen Kopf hinein. Dad saß schon mit seinem Kaffee da und las den »Chronicle«. Er legte die Zeitung hin, wandte sich mir zu und brach unerwartet in schallendes Gelächter aus. Zuerst konnte ich nicht glauben, dass ich der Grund dafür war, aber er machte es mir sehr schnell klar, als er sagte: »Du siehst ja aus wie eine räudige Ratte. Los, lauf sofort rauf und wasch dir die albernen Locken aus dem Haar. Und dann komm frühstücken. Du bist schon spät dran.« Ich hörte Mutter beschwichtigend auf ihn einreden, während ich heulend ins Bad ging, meine Haare nass machte und die Locken ausbürstete.*

In diesem Eintrag sind es Einzelheiten wie die Schiebetür, der *Chronicle* (nicht irgendeine Zeitung), der »beschwichtigende« Tonfall der Mutter und was der Vater sagt, die die Beschreibung beim Lesen so lebendig machen.

Literarische Tagebücher enthalten sehr viel Beschreibung. Ich selbst führe kein literarisches Tagebuch. Ich finde sogar, dass es mir die Freude am Tagebuchschreiben verdirbt, wenn ich es versuche. Aber ich beschreibe oft, um kostbare Momente zu erhalten.

Indem ich meine Erfahrung beschreibe, halte ich nicht nur fest, was geschehen ist oder was existiert, sondern wie ich es wahrnehme, und damit definiere ich mich selbst. Indem ich mein Tagebuch schreibe, erschaffe ich mich selbst.

Mein Leben zu beschreiben, gibt mir Macht; mit meiner eigenen Version des Lebens gehe ich gegen die »offizielle« vor. Und weil ich über diese Macht verfüge, kann mich nichts wirklich aus der Bahn werfen – weder Hunger, noch Grausamkeit, noch Erfolg oder Armut, noch Verlust oder Liebe, keine Krankheit oder Enttäuschung, nicht einmal die Versuche anderer, mich zu manipulieren.

Solange ich die Macht der Worte besitze, um meine Erfahrungen zu beschreiben, verfüge ich über eine starke Instanz persönlicher Kontrolle. Das Tagebuch ist nicht nur Freund, Mutter, Therapeut und ein Zuhause – es ist auch eine Waffe.

Freies, intuitives Schreiben

Beim Schreiben aus der Katharsis, der überwältigenden Emotion, entsteht eine überwiegend an die Sinne gerichtete Sprache. Freies, intuitives Schreiben jedoch kommt aus einer tieferen Ebene, der Psyche. Es ist eine Nachricht aus dem inneren Bewusstsein. Intuitives Schreiben befreit die Stimme des Unbewussten, indem es die Kontrolle durch das Bewusstsein löscht oder zeitweilig außer Kraft setzt. Texte, die durch intuitives Schreiben entstehen, können manchmal den Empfindungen widersprechen, die durch kathartisches oder deskriptives Schreiben ausgedrückt worden sind. Oft kann die Intuition aber den Grund für eine starke emotionale Reaktion erklären.

Intuitives Schreiben wird häufig als Lockerungstechnik und direkte Verbindung zum Unbewussten oder als Strategie gegen Schreibblockaden eingesetzt. Literarische und psychologische Richtungen verwenden manchmal auch andere Bezeichnungen dafür: freies Assoziieren, Bewusstseinsstrom, automatisches Schreiben, Schreibfluss und aktive Imagination. Ich ordne alle Arten des spontanen Schreibens in die Kategorie intuitives Schreiben ein.

Dies ist der Weg zum intuitiven Schreiben: Entspannen Sie sich. Versuchen Sie, Ihren Kopf leer zu machen. Denken Sie an nichts. Lassen Sie an die Oberfläche kommen, was will, und schreiben Sie es auf, ohne den Inhalt zu bewerten. Ihre Hand ist ein Werkzeug, das notiert, was Ihnen einfällt. Versuchen Sie jedes Wort, jedes Bild festzuhalten, egal ob es albern, peinlich oder völlig unsinnig klingt – schreiben Sie es auf.

Sie schreiben schnell, so schnell, dass Sie keine Zeit zum Denken haben. Sie halten nicht inne, um nachzudenken, zu zensieren, zu kritisieren.

Sie werden über die originellen surrealistischen Erzählungen Ihres Unterbewusstseins staunen. Diese witzige, nicht logische Sprache ist die ganze Zeit über da, und Sie können wie bei einem Radiosender »reinhören«, wann immer Ihnen danach ist. Zum Beispiel:

Nacht auf dem kahlen Berg die Schneegrenze weicht weich und hart harte Zeiten mein Vater hatte Haare auf der Brust, in der Brust schlägt das Herz Hand aufs Herz der Mars hat zwei Monde aber der Mond keinen Mars die Zeit wartet auf niemanden, und wenn ein Arzt ein Quacksalber ist kann eine Ente dann eine Tankstelle leiten leiten leiten

Die Surrealisten, die in den zwanziger Jahren in Paris zusammenkamen, nannten es »automatisches Schreiben«. Sie spielten damit und schrieben ganze Romane in dieser Technik. André Breton, einer der führenden Künstler des Surrealismus, hinterließ eine Art Gebrauchsanweisung:

Versetze dich in den passivsten oder empfänglichsten Geisteszustand, der möglich ist. Vergiss deinen Verstand, dein Talent und das der anderen [...] *Schreibe rasch ohne vorher festgelegtes Thema, so rasch, dass du nichts zurückhältst und nicht in Versuchung kommst, es zu lesen. Schreibe so lange, wie du magst.*

Die Surrealisten kannten weitere Hilfsmittel, die auch für Sie nützlich sein können, zum Beispiel: Vermeiden Sie, auf die leere Seite zu schauen, während Sie schreiben. Konzentrieren Sie sich auf den Abschnitt, den Sie vor sich haben. Vergessen Sie, was Sie über Zeichensetzung, Groß- und Kleinschreibung, Grammatik und Ausdruck gelernt haben. Wenn Sie sich dabei ertappen, dem Geschriebenen einen Sinn geben zu wollen, hören Sie auf. Versuchen Sie erneut, sich zu entspannen, und warten Sie, bis der Wunsch nach bewusster Einflussnahme nachlässt. Wenn Sie spüren, dass in Ihrem Schreibfluss ein Bruch entstanden ist, wiederholen Sie das letzte intuitiv geschriebene Wort (zum Beispiel »leiten leiten leiten«), bis die freie, nicht logische Sprache wieder zurückkehrt.

Jeder kann intuitiv, automatisch oder frei schreiben, und jeder tut es auf seine Art. Rhythmus und Stil variieren je nach Person. Es gibt Autoren, die kreuz und quer über die Seite schreiben. Sie behandeln die Seite wie einen Freiraum, der beliebig eingeteilt und benutzt werden kann, ohne auf die imaginären Linien zu achten, die die meisten Menschen auf einem Blatt sehen

Intuitives Schreiben kann ein befreiendes, faszinierendes Erlebnis sein. Es kann Ihnen noch unbewusste Gefühle und Motivationen nahe bringen und verständlich machen. Es ist eine hilfreiche Technik, wenn Sie merken, dass Sie Ihre inneren Bedürfnisse nicht mehr kennen.

Im folgenden Beispiel wollte die Autorin mehr über ihre Verwirrung und Unsicherheit, die sie zu einer bestimmten Zeit Ihres Lebens beherrschten, herausfinden:

Der Gedanke führt zu einem Kreis und ich sehe alles als Gegenteil und wieder ist es Nacht und ich werde du wirst der Traum wird essbar Mutter Kessel Mutter Angst Mutter Jerry Mutter zu Hause Küche geborgen kindlich wann werde ich erwachsen Jerry ist ein rausgewachsenes Kind mein süßer schatz abhängig Abhängigkeit unreif keiner will mich Mutter will ich soll heiraten meine Mutter heiraten Jerry ist schuld daran warum bin ich unglücklich? Unglücklich weil Mutter mir das gesagt hat Was hat sie mir gesagt? Sie hat gesagt, du sollst Kekse kaufen gehen und ich direkt nach Hause, du hast es nicht gemacht. Ich bin nicht direkt nach Hause gegangen das ist doch Unsinn Warum bin ich unglücklich? Kann nicht entspannen wovor Angst? Innenleben taugt nichts, kann nichts alles schon verbraucht, jetzt ist es langsam Zeit die Angst umzuwandeln, Angst zu versagen, angst zu spät zu kommen, angst angst, ablehnung angst übergewicht angst dumm so dumm so öde so süß so geschickt so so …

Obwohl der Eintrag für den Leser kaum verständlich ist, entdeckte die Autorin darin ihre Furcht vor dem Versagen und ihre Probleme durch emotionale Abhängigkeiten. Sie erkannte, dass sie sich danach sehnte, die Geborgenheit einer Kindheit zurückzuerlangen.

Kathleen Adams, eine Therapeutin aus Denver, die Tagebuchschreiben in ihrer Praxis einsetzt, macht gute Erfahrungen, indem sie das Schnellschreiben beim intuitiven Schreiben mit einem Zeitlimit verbindet. Sie stellt für ihre Patienten einen Kurzzeitmesser auf ein, drei oder fünf Minuten und bittet sie, beim Signalton sofort aufzuhören, selbst wenn sie gerade mitten in einem Satz sind. Das Zeitlimit sagt dem Unterbewusstsein, es dürfe sich in der kurzen Schreibzeit auf keinen Fall zensieren lassen: »Du hast die Chance, endlich zu sagen, was du immer schon sagen wolltest, aber du hast nur ein paar Minuten!« Schreiben mit Zeitlimit liefert jedem Tagebuchautor sehr persönliche Ergebnisse.

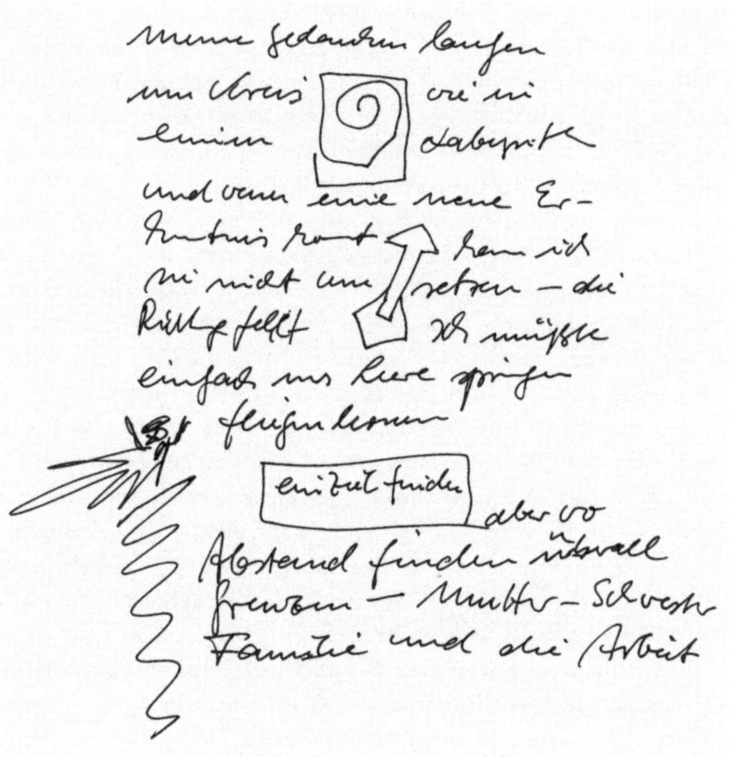

Viele Tagebuchautoren, die die Psychologie C.G. Jungs kennen, praktizieren in ihren Büchern was sie »Aktive Imagination« nennen. Der Autor stellt seinem Unbewussten eine Frage, spürt tief in seiner

Psyche ein Publikum zuhören und beobachtet, wie dieses Publikum reagiert. Sie könnten sich in Ihrem Tagebuch zum Beispiel fragen: »Was beschäftigt mich?«, und nun einer inneren Stimme der Weisheit erlauben, in ihrer Bildersprache zu antworten. Diese Technik der Fragestellung und unzensierten Antworten ist besonders erfolgreich, wenn Sie sich für die Antwort ein Zeitlimit setzen.

Mit dem intuitiven Schreiben zu experimentieren, führt jeden Menschen auf andere, sehr individuelle Ebenen des Bewusstseins oder des Unbewussten. Was für den einen wahre Pionierarbeit in den Abgründen seines Ichs bedeutet, ist für den anderen vielleicht nur wie ein Kratzer an der Oberfläche. Obwohl es immer wieder Autoren gibt, die mit dem automatischen Schreiben beängstigende Erfahrungen machen – zum Beispiel das unheimliche Gefühl, dass eine fremde Persönlichkeit aus ihnen spricht –, sind solche Erlebnisse extrem selten. Der Autor hat vielleicht erstmals Kontakt mit einer bisher nur latent spürbaren Seite seines Ichs aufgenommen und empfindet diesen Teil seiner Persönlichkeit als fremd. Wenn die Erfahrung jedoch zu erschreckend ist, sollte man die Übung abbrechen und sich um professionelle psychologische Anleitung bemühen.

Da intuitives Schreiben viele Ebenen des Unbewussten anspricht, kann es sich auch mit kathartischem Schreiben überlappen. Marion Milner praktizierte eine besonders emotionale Variante des intuitiven Schreibens. Sie bezeichnete ihre Experimente als »Schmetterlinge fangen« und »Blindes Denken«. Milner, die ein Tagebuch über alle »Schmetterlinge«, die sie zu fassen bekam, führte, entwickelte die Theorie, dass kindliches Denken zu einer erwachsenen Gedankenwelt heranreifen kann, wenn man diese Gedanken nur aufzeichnet und sich über das Aufzeichnen bewusst macht, wie der eigene Verstand tatsächlich funktioniert.

Milner wollte herausfinden, wie es sein kann, dass auf unbewusster Ebene ein Gedanke zum anderen führt. Und sie warnte jeden, der es ebenfalls versuchen wollte, er müsse darauf vorbereitet sein, sich selbst als Vollidioten zu empfinden. Vieles, so Milner, würden wir gar nicht erst in unser Bewusstsein eindringen lassen, weil es für das Bild, das wir von uns als erwachsenen Menschen haben, peinlich sei.

Die folgenden Beispiele aus ihrem Buch *A Life of One's Own* liegen irgendwo zwischen Katharsis und intuitivem Schreiben. Außerdem analysiert sie ihre Tagebucheinträge:

Hier ist […] ein Schmetterling, gefangen in einem Augenblick intensiven Gefühls, aber erst später niedergeschrieben:
»Er tut nicht, was ich will, es kümmert ihn nicht […] aber ich bringe ihm schon bei, dass ihm gar nichts anderes übrig bleibt. […] Ich könnte mich weigern, ihn zu besuchen – das nützt nichts, das interessiert ihn nicht –, ich könnte abhauen, könnte durchdrehen, Amok laufen, mir selbst was antun, ihn dazu bringen, mich wahrzunehmen, dass es ihm Leid tut, Leid tut, dass er mir weh getan hat, ihn dazu bringen, mir zu helfen, nett zu mir zu sein … Ich bringe mich um, um ihn zu bestrafen, damit es ihm Leid tut […] Das nützt nichts, er wird es ahnen, wird mich durchschauen, wird die Schultern zucken und sagen, ›Wenn sie sich unbedingt selbst was antun will …‹«
Hier habe ich überlegt, ob ich mich umbringen soll, um jemanden dazu zu bringen, nach meiner Pfeife zu tanzen, habe Trost in der Vorstellung gefunden, wie er es bereuen wird, obwohl ich mir natürlich bewusst war, dass ich seine Reue nicht miterleben würde. Dieser Gedankengang dauert noch eine Weile fort, obwohl er gegen Ende hin eine Tendenz zeigt, sich aus dieser totalen Irrationalität zu lösen – vielleicht weil ich mir sogar durch meine Tränen hindurch bewusst war, wie albern ich mich benahm –, denn schließlich heißt es:
»Aber das wird nichts nützen, denn er wird genau wissen, dass ich es mit Absicht mache. […] Was kann ich denn tun, um diesem Ding in mir zu entkommen, das genau weiß, welchen Zweck ich verfolge, das mir sagt, dass ich mich am Ende doch vernünftig verhalten muss? Verrückt werden, denn dann weiß ich nichts […] dann könnte ich alles Mögliche tun, um sie dazu zu bringen, mich wahrzunehmen, und es würde nichts geben, was mich zurückhält.«
Ich vermute, es war dieser letzte Gedanke, der mich schließlich wieder zu mir brachte […] Ich weiß noch, dass ich das Gefühl hatte, durch eine plötzliche Erkenntnis »zu mir zu kommen«, eine Erkenntnis, die all meine hilflose Wut augenblicklich in nichts auflöste, weil ich mich freute,

mich selbst bei einer so absurden Geschichte ertappt zu haben – mich freute, einen so knallbunten Schmetterling aufgespießt zu haben.

Milners Tagebucheinträge zeigen deutlich den Nutzen intuitiven Schreibens. Abgesehen davon, dass man sich von angestauten Gefühlen und Gedanken freimachen kann, ermöglichen Einträge wie diese, dass wir Distanz und Selbsterkenntnis gewinnen. Der Autor, der seinen den Eintrag später – in einer weniger leidenschaftlichen Stimmung – wieder liest, erkennt, dass in manchen Situationen kindliche Gedankenstrukturen die Kontrolle übernehmen. Mit einem Tagebuch zu arbeiten, hilft dem Autor, die Energie dieser kindlichen Gefühle umzuwandeln und in reifere, erwachsenere Denk- und Verhaltensmuster zu lenken.

Reflexion

Reflexion im Tagebuch bedeutet, einen Schritt zurückzutreten, Verbindungen und Zusammenhänge erkennen zu können, die man vorher nicht wahrgenommen hat. Reflexion kann auch Nachdenken, Selbstbetrachtung oder Vertiefung bedeuten.

Tagebuchschreiber fragen sich oft, warum sie schreiben, wie zum Beispiel Anaïs Nin:

Die Rolle, die ich spielte, um meinen Freunden zu gefallen, war die der fröhlichen, heiteren, empfänglichen heilenden Person, die immer abrufbereit, immer mitfühlend war; sie musste irgendwo ihre andere Existenz finden. Im Tagebuch konnte ich das Gleichgewicht wieder herstellen. Hier konnte ich deprimiert, wütend, verzweifelt, entmutigt sein. Hier konnte ich meine Dämonen freilassen.

Reflexion folgt häufig nach einem kathartischen Eintrag: Der Autor hat ein starkes Gefühl zu Papier gebracht und ist nun bereit, einen objektiveren Blick darauf zu werfen. Im folgenden Abschnitt hat ein Tagebuchautor sich von einer ganzen Menge Klagen befreit. Anschließend reflektiert und überlegt er:

Nachdem ich alles rausgelassen habe, scheint mir nichts mehr besonders wichtig. Seltsam, wie leicht es mir fällt, die Wut zu überwinden, wenn ich sie in Worte fasse.

Reflexion ermöglicht oft auch Einsichten, die dadurch gewonnen werden, dass die innere Stimme beim intuitivem Schreiben sprechen durfte. Reflexion ist oft Ergebnis, Zusammenfassung oder Voraussetzung für andere Tagebuchtechniken. Der Autor entwickelt aus Erfahrungen und Gefühlen seine persönliche Lebensphilosophie. Aber Reflexion im Tagebuch muss sich nicht nur auf die eigene Person beziehen. Jedes Thema eignet sich zum schriftlichen reflektieren – ein Film, ein Buch, ein Prinzip oder eine Idee. Im Folgenden macht sich ein Tagebuchautor Gedanken zum Thema Ruhm:

Ruhm muss Frustration bringen, wenn das Motiv dahinter der Wunsch nach Liebe ist. Weil man für das, was man ist, geliebt werden will, stattdessen aber nur für das geliebt wird, was man zu sein scheint oder für den einen kleinen Teil seiner Persönlichkeit, während der Rest ignoriert und ungeliebt bleibt.

Beachten Sie, dass der Autor das neutrale »man« benutzt, was auf Distanz und Entpersonalisierung hinweist.

Manchmal geschieht das reflektierende Denken als eine Art direkter Ansprache des eigenen Ichs, als Rat, den man sich selbst erteilt, oder Mut, den man sich zuspricht. Ich nenne das Selbsthilfe, Heilung, die leitende Stimme oder die Silberstreifen-Stimme, weil sie in Stresszeiten meist als Stimme der Hoffnung auftritt. Oft spricht sie zuerst in schlichten Phrasen: »Mach weiter. Gib nicht auf!«, oder: »Komm schon, du musst an dich glauben.« Aber wenn Sie der Stimme lauschen und ihr erlauben, sich zu entwickeln, kann sie zum wichtigsten Ratgeber in Ihrem Leben werden, zur Stimme Ihrer inneren Weisheit nämlich.

Diese Silberstreifen-Stimme scheint immer spontan im Tagebuch aufzutauchen – ohne dass der Autor sie herbeiruft. Eine Tagebuchautorin ließ sich von ihr beraten, als sie nicht mehr wusste, ob und wie es mit ihrer gegenwärtigen Partnerschaft weitergehen sollte:

Er ist ein wunderbarer Mensch, aber er weiß nicht, wer oder was du bist. Dein Glaube an die Liebe zu diesem Mann hat die Art, wie du ihn betrachtest, verzerrt. Er ist nicht dein Traummann. Er ist, was er ist, und zu was er geworden ist. Seine lebenslangen Probleme mit Frauen hat er selbst geschaffen. Nur er allein kann sich daraus befreien. Dein Job ist es, deine eigenen Ziele zu verfolgen.

Diese Botschaft der inneren Stimme war eine Wahrheit, die die Autorin eine lange Zeit nicht hatte hören wollen, obwohl Menschen, die ihr nahe standen, ihr dasselbe gesagt hatten. Erst als sie die Wahrheit in einem Augenblick ruhiger Überlegung in ihrem eigenen Inneren hörte, war sie bereit, sie zu akzeptieren.

Die ruhige Überlegung der Silberstreifen-Stimme kann Trost während einer Krankheit, in emotionaler Verwirrung oder in einem von Tod oder Alter geprägten Lebensabschnitt spenden. Florida Scott-Maxwell, Schauspielerin und später Psychologin, lauschte ihrer Weisheit in ihrem Tagebuch, das sie im Alter von zweiundachtzig Jahren führte. Nach einem reichen, erfüllten Leben scheint die Stimme zum Mittelpunkt all ihrer Erfahrungen geworden zu sein. Als sie sich in ihrem Tagebuch an ein Kindheitserlebnis erinnert, bemerkt diese Stimme anerkennend:

Du brauchst dich nur auf die Ereignisse in deinem Leben zu besinnen, um dich wirklich ganz zu dir als Person zu machen. Wenn du wirklich alles für dich beanspruchen willst, was du gewesen bist und getan hast, was seine Zeit dauern wird, gehst du grausam mit der Wirklichkeit um. Da dich das Alter nun endlich in allem zusammengefügt hat, ist es denn nun nicht einfach, alles loszulassen, alles als gelebt, erreicht, als vorüber zu akzeptieren?

In diesem Eintrag endet die nachdenkliche Phase mit einer Frage. Sie ist ein weiteres Charakteristikum der Reflexion. Manchmal beginnt ein Eintrag gleich mit einer Frage, deren Beantwortung nach vorheriger Selbstbetrachtung verlangt: »Welches Geheimnis bewahre ich vor mir selbst?«, oder: »Was ist es, das mich wirklich beschäftigt?«

Die reflektierende Stimme kann die innere Stimme ermutigen, sich zu melden und Antworten zu geben.

Aber auch mitten im Schreibfluss können Fragen sinnvoll sein – dann zum Beispiel, wenn Sie ein Erlebnis oder ein Gefühl genauer betrachten wollen. Die Kurzgeschichtenautorin Katherine Mansfield stellt sich in ihrem Tagebuch häufig Fragen, die ihr helfen, sich ihrer Wünsche deutlicher bewusst zu machen:

> *Also, Katherine, was meinst du denn mit Gesundheit? Und wozu genau brauchst du sie? Die Antwort: Mit Gesundheit meine ich die Kraft, ein reiches, erwachsenes, lebendiges, atmendes Leben im engen Kontakt mit allem, was ich liebe, zu führen – die Erde und die Wunder, die sie bewirkt, die Sonne* [...]
> *Und ich will vor allem arbeiten. Woran? Ich will so leben, dass ich mit meinen Händen und meinen Gefühlen und meinem Verstand arbeiten kann. Ich will einen Garten, ein kleines Haus, Gras, Tiere, Bücher, Bilder, Musik. Und aus all diesem heraus, als Ausdruck dessen, will ich schreiben* [...]

Manchmal ist die reflektierende Stimme bereit, auf Antworten zu warten. Fragen wie: »Was will ich wirklich?«, können Ihnen im Tagebuch eine Richtung geben. Und wenn Sie Geduld haben, wird die Antwort irgendwann auf den Seiten auftauchen.

Reflexion ist also charakterisiert durch die Perspektive – oder die psychologische Distanz –, die sie verschafft. Der Autor kann sein Ich in der zweiten Person ansprechen oder aus einer universellen Warte aus auf seine persönliche Erfahrung blicken.

Reflexion tendiert zum Universellen, zum Generellen, anders als die Beschreibung, die sich auf Äußerlichkeiten und auf das Besondere konzentriert. Weil sie vom abstrakten Intellekt gesteuert wird, kann einem Tagebuch, in dem die Reflexion überwiegt, manchmal die emotionale Tiefe fehlen. Ein Tagebuch dagegen, in dem es zu wenig Reflexion gibt, kann emotional zu chaotisch wirken und dem Autor intellektuell unbefriedigend erscheinen.

Reflexion und Beschreibung geben dem objektiven, vernunftbetonten Teil Ihres Ichs eine Stimme, Katharsis und intuitives Schreiben bringen das Subjektive, Emotionale, hervor. Wenn sich die beiden Ebenen im Tagebuch ergänzen, gewinnt der Autor Selbsterkenntnis und Kreativität daraus.

5. Die sieben Techniken

Auf der Suche nach neuen Ausdrucksmöglichkeiten, die besonderen Bedürfnissen entsprechen, haben Tagebuchautoren teils neue Techniken erfunden, teils sind sie per Zufall darüber gestolpert. Einige dieser speziellen Techniken sind Erkenntnisse aus dem *Human Potential Movement*, eine Bewegung aus den siebziger Jahren, die sich vor allem mit der Weiterentwicklung des Menschen, mit der Ausschöpfung seines Potenzials beschäftigte, die für private Tagebücher übernommen wurden; andere stammen aus literarischen Quellen. Sollten also die vier natürlichen Ausdrucksformen nicht ausreichen, um ein Ereignis, ein Gefühl, oder einen Gedanken zufriedenstellend festzuhalten oder zu untersuchen, haben Sie hier noch eine breite Auswahl an weiteren Möglichkeiten. Wenn man nicht durch die offizielle Eingangstür hineinkommt, muss man es manchmal durch einen Seiteneingang versuchen.

Mit besonderen Tagebuchtechniken meine ich Listen, Porträts, Maps of Consciousness, geführte Imagination, Perspektivenwechsel, Briefe und Dialoge. Vielleicht werden Sie einige davon nie anwenden, weil Sie Ihren Stil bereits gefunden haben und damit zufrieden sind. Aber so wie die Autoren, die diese Techniken entwickelt haben, müssen Sie zuerst einmal selbst herausfinden, womit Sie am besten arbeiten können.

Listen

Listen können Sie für jede Tagebuchform einsetzen – um widersprüchliche Gefühle, Eindrücke oder Gedanken aufzuzählen, ohne ganze Sätze formulieren zu müssen. Listen verdichten Inhalte und sparen Zeit. Wenn Sie schon lange nicht mehr Tagebuch geschrieben haben, kann die Aufzählung in einer Liste zusammenfassen, was in der

Zwischenzeit geschehen ist. Anaïs Nin verwendet in ihren Tagebüchern solche Listen, um den ständigen Wechsel in ihrem Leben während einer bestimmten Zeit aufzuzeichnen: »Freunde, gemeinsame Abendessen. Gäste. Hans Boeb, ein deutscher Maler. Elie Agnnides, griechischer Ingenieur [...]«. Listen sind auch dann nützlich, wenn etwas zu groß, zu gewaltig oder zu überwältigend ist, um es in Sätze zu fassen. Oder wenn die Last seiner Gedanken, Aufgaben und Probleme den Autor belastet, wie in dem folgenden Eintrag einer Frau:

Fühle mich völlig überlastet. Zu viel zu tun. Wie soll ich das alles hinkriegen? Eine Lawine rollt über mich hinweg.
Zu tun:
Wäsche
Überweisungen
Sharon anrufen
Was mich nervt:
Charles sagt, mein letzter Artikel sei kitschig
Nicht genug Zeit für meine eigene Arbeit
Mutter ist den Job schon wieder los
Wovor ich Angst habe:
Wenn ich mich zu sehr mit dem Schreiben beschäftige –
wird nicht Staub gewischt (wird es sowieso nicht)
ess ich nicht mehr vernünftig (tu ich sowieso nicht)
wird mich keiner mehr lieben (einige tun's trotzdem)
wird keiner eine so schlechte Hausfrau heiraten wollen (wollen sie sowieso nicht)

Selbst wenn keine Lösung gefunden werden kann, helfen Listen, ein Problem zu erkennen. Mit einer Liste, kann man sich jederzeit einen Punkt nach dem anderen vornehmen.

Listen als Grundlage für Pläne oder Entscheidungen sind eine so gängige Praxis, dass man sie im Zusammenhang mit Tagebüchern meist nicht erwähnt. Sie gehörten aber immer schon als wichtiger Teil zu den Tagebuchtechniken. Eines der berühmtesten klassisch japanischen Tagebücher, das *Kopfkissenbuch der Hofdame Sei Shonagon* aus dem 12. Jahrhundert, enthält Gedichte, Naturbeschreibungen, Charakterskizzen, Anekdoten und – Listen: von unangenehmen und peinlichen und von schönen Erlebnissen und Dingen.

Die Puritaner benutzten ihre Tagebücher oft, um am Ende einer Woche, eines Monats oder Jahres ihre moralischen Verfehlungen zu verzeichnen. Benjamin Franklin schrieb dreizehn Tugenden auf, die er sich zu eigen machen wollte und dokumentierte anhand eines Diagramms seine armseligen Fortschritte dabei. Aber Listen über Misserfolge und Versäumnisse schwächen nur ein ohnehin angeschlagenes Selbstbewusstsein.

Marion Milner dagegen hatte gute Ergebnisse mit zwei ständig aktualisierten Listen: Die eine enthielt, was sie sich wünschte oder sich zu wünschen glaubte, die zweite, was sie wirklich glücklich machte. Sieben Jahre lang führte sie diese Listen über Sehnsüchte und Freuden und lernte damit viel über Zufriedenheit und persönliches Glück und wie es sich erreichen ließ.

Andere Tagebuchautoren fanden zu Selbsterkenntnis, indem sie Dinge, die sie ärgerten oder irritierten, in einer Liste sammelten. Von Mary MacLane, einer jungen Tagebuchautorin, die um die Jahrhundertwende in Montana lebte, stammt die folgende witzige Liste:

8. März 1901:
Leute, die die Figur einer Frau ihre »Statur« nennen
Hüften, die beim Gehen schwabbeln,
Menschen mit hervorquellenden Augen,
stramm sitzende Strumpfbänder
schaler, süßer Wein
Männer mit Schnurrbärten,
unreife Bananen
Wachsblumen auf einer Hochzeitstorte
Narren, die mir sagen wollen, was ich machen »will«
Gemälde alter Meister, die ich bewundern soll, aber nicht würdigen kann
Leute, die ihre Haare nicht oft genug waschen
Betten, die in der Mitte durchgelegen sind

Eine Liste von Ängsten kann helfen, sie aus dem Kopf zu bekommen. Wenn Sie spüren, dass negative Gefühle Sie überwältigen, kann es Sie erleichtern, die verschiedenen Gründe dafür aufzuschreiben.

Ein Tagebuchautor, der zu der Erkenntnis kam, dass seine strenge baptistische Erziehung ihm in seiner persönlichen Entwicklung im Weg stand und die Ursache für seine zwiespältigen Gefühle war, stellte fest, dass es ihm gut getan hatte, eine Liste mit dem Titel »Überzeugungen, die ich verworfen habe oder verworfen zu haben glaube« anzulegen:

1. *Mama liebt mich. Daddy wird immer da sein.*
2. *Jesus liebt mich, das weiß ich, weil die Bibel es sagt.*
3. *Jesus ist für meine Sünden gestorben.*
4. *Mama liebt mich. Daddy wird bald zurückkommen.*
5. *Gott ist ein weißer, männlicher Amerikaner.*
6. *Der Lone Ranger existiert wirklich.*
7. *Du darfst nicht greinen, du darfst nicht weinen, schmollen ist dumm und ich sag dir warum …*
8. *Ich bin ein Engel. Ich werde ewig leben.*
9. *Wenn ich das tue, werde ich blind.*
10. *Wenn ich das tue, werde ich wahnsinnig.*
11. *Wenn ich so weitermache, sterbe ich wie mein Vater an einem Herzanfall.*
12. *Wenn ich aufs College gehe, bin ich nachher klüger als alle anderen.*
13. *Wenn ich Gitarre spielen kann, komm ich besser an die Mädels ran.*
14. *Wenn ich Trigonometrie studiere, kann ich Pilot werden.*
15. *Diese Lähmung war Gottes Strafe.*
16. *Diese Lähmung hat meinen Körper für immer ruiniert.*
17. *Wenn ich die ganze Nacht aufbleibe, schreibe ich ein gutes Gedicht.*
18. *Ich sterbe, bevor ich dreißig werde.*
19. *Wenn wir den Vietkong in Hanoi bombardieren, geben sie auf.*
20. *Wenn ich in den Süden wandere, werden die Schwarzen mich lieben.*
21. *Wir sind eine Generation von Giftschlangen.*
22. *Gott ist tot.*
23. *Wenn ich heirate, bin ich glücklich.*

24. *Ich werde in meinem Sohn all das erkennen und begreifen, was ich bei mir nicht erkannt und begriffen habe.*
25. *Die Beatles sind perfekt.*
26. *Wenn ich diese Pille schlucke, werde ich erleuchtet.*
27. *Wenn ich das Ding rauche, bin ich hip.*
28. *Wenn ich das Zeug schniefe, schreibe ich ein tolles Drehbuch.*
29. *Alle Bullen sind Schweine.*
30. *Wir müssen uns wieder auf uns selbst besinnen, und wir können das.*
31. *Es wird meine Mutter umbringen, wenn ich mich scheiden lasse.*
32. *Wenn ich mich scheiden lasse, muss ich das büßen.*
33. *Diese Therapie wird mich wieder herstellen.*
34. *Glaube ist Schlaf, die unterste Form des Bewusstseins.*
35. *Wenn ich mit diesem Film hunderttausend mache, muss ich mich nie wieder um Geld sorgen.*
36. *Wenn ich mich für diesen bewusstseinserweiternden Kurs einschreibe, werde ich Höhenflüge erleben.*
37. *Dieser ganze spirituelle Trip ist bloß verkappter Fundamentalismus.*
38. *Ich bin ein Außenseiter.*
39. *Diese Wut wird immer bleiben.*

In dieser Liste hat der Autor sein bisheriges Leben mit allen Veränderungen und wichtigen Abschnitten zusammengefasst. Am Ende erkannte er, dass Naivität und ständige Desillusionierung ein wiederkehrendes Muster bildeten.

Chronologische Listen sind tatsächlich eine Form von verdichtetem Lebenslauf. Sie sind ein gutes Arbeitsmittel, wenn Sie einen Ausschnitt aus Ihrer Vergangenheit betrachten wollen. Stellen Sie sich vor, Sie befänden sich gerade in einer Phase, in der Sie verunsichert sind und nicht mehr wissen, was Sie wollen. Die Werte und Ziele, die Sie einmal begeistert haben, lassen Sie heute kalt. Es ist leicht zu verzweifeln, wenn das Leben vor sich hindümpelt und keine Richtung mehr zu sehen ist. Das Tagebuch kann Ihnen durch Listen von täglichen Freuden und Wünschen helfen, neue Ziele zu finden. Gleichzeitig fertigen Sie eine chronologische Liste von einstigen Erwartungen, die Sie früher einmal motiviert haben. Übrigens: Gehen Sie chronologische Listen anschließend sofort durch, um zu den einzelnen Punkte zu sagen, wie Sie sich fühlen.

Chronologische Listen sind auch eine Hilfe, um sich wiederholende Konfliktsituationen zu analysieren. Sicher kennen auch Sie Momente, in denen Sie sich fragen: »Wieso passiert *mir* das immer wieder?« Schreiben Sie auf, wann und wo Sie sich schon einmal ähnlich gefühlt haben. Eine Frau stellte eine Liste all der Situationen zusammen, in denen sie versucht hatte, jemandem zu helfen, der weder auf sie hören wollte, noch ihre Bemühungen schätzte. Als sie danach ihre Liste durchlas, erkannte sie, dass sie seit ihrer Kindheit, in der sie vergeblich versucht hatte, ihrer nervenkranken Mutter zu helfen, immer wieder in eine Art Co-Abhängigkeit geriet. Sie beendete diese Aufstellung mit der Frage: »Was kann ich tun, um dieses Muster zu durchbrechen?« Dann begann sie eine neue Liste, in der sie aufschrieb, wie sie sich künftig verhalten wollte. Sie fragte sich wie eine Therapeutin, was sie sofort verändern könne. Schon nach dieser einen Tagebuchsitzung konnte sie die Energie, die sie bisher vergeblich an andere verschwendet hatte, erfolgreich für sich selbst einsetzen.

Eine Liste von Wendepunkten, »Trittsteine Ihres Lebens«, wie Ira Progoff sie nannte, zeigt Veränderungen und Kontinuität in Ihrem Leben, sagt aber auch etwas über die gegenwärtige Situation, in der Sie sich befinden.

Ira Progoff empfahl, die Zahl der Trittsteine auf zehn bis zwanzig zu beschränken und nur ein oder zwei Sätze zu jedem Ereignis zu schreiben. Sie können auch später noch zu einzelnen Punkten auf dieser Liste zurückkommen und ausführlicher darüber schreiben, aber hier sollen erst einmal nur die Wendepunkte benannt werden. Ira Progoff schlug vor, mit »Ich wurde geboren« zu beginnen und zu warten, was Ihnen weiter einfällt, wie in diesem Beispiel:

1. *Ich wurde geboren.*
2. *Mit ungefähr sechs meine erste richtige Erfahrung mit Schmerz und Angst im Krankenhaus. Ich wachte während der Mandel-OP auf – falsche Dosierung des Betäubungsmittels.*
3. *Meine erste Liebe – Ich war 15, Rose 14.*
4. *College und erstes Begreifen der Klassenunterschiede, der Bedeutung von Geld, echter Konkurrenz.*
5. *Hochschule, Entwicklung von künstlerischer Gewandtheit und verweichlichtem Elitismus.*
6. *Corinne geheiratet – damals kam es mir richtig vor.*
7. *Kauf einer Kamera und Relativierung der Hochschulerfahrung. Experimentelle Filme gedreht.*
8. *Scheidung – Corinne hat mich auf eine Art verlassen, die mir deutlich machte, warum.*
9. *Leah geheiratet – diesmal schien es wirklich die Richtige.*
10. *Dreh in Griechenland und Erkenntnis, dass meine Ehe nicht stimmt.*
11. *Sohn wird in London geboren – so viele vielschichtige Gefühle und widerstreitende Wünsche.*
12. *Erste Regie für abendfüllenden Film – Low-Budget-Zeug, aber ich hab's endlich mal getan.*
13. *Geburt einer wunderschönen Tochter – sie hat mich sofort um den Finger gewickelt.*
14. *Beginne, nach Hollywood zu pendeln. Erster Studio-Deal.*
15. *Ende der zweiten Ehe.*

Als der Autor seine Liste las, entdeckte er eine Kontinuität in seinem Karrierestreben, das er ursprünglich für unregelmäßig gehalten hatte. In der Wiederholung des Kreislaufs Heirat und Scheidung erkannte er außerdem Elemente emotionalen Wachstums.

Progoff empfiehlt, solche Wendepunkt-Listen auch für einen nahestehenden Menschen anzulegen, den Sie besser verstehen möchten. Indem Sie sein Leben nachzeichnen, bekommen Sie ein Gespür dafür, in welche Richtung er sich bewegt und wie seine Lebensphasen verlaufen sind. So sehen Sie den anderen als eigenständigen

Menschen, der unabhängig von Ihrem eigenen Leben und Ihren Erwartungen existiert.

Ein Tagebuchautor schrieb die wichtigsten Ereignisse im Leben seines Vaters auf:

1. *Mutter lief davon.*
2. *Akzeptanz der Verantwortung für die Geschwister.*
3. *Beruflicher Erfolg in jungen Jahren.*
4. *Erste Liebe und Heirat.*
5. *Kinder.*
6. *Mehr Erfolge, mehr Geld.*
7. *Desillusionierung und die Suche nach Sinn.*
8. *Versuch der Flucht in Wohltätigkeitsarbeit.*
9. *Scheitern des Versuchs, alles aufzugeben und neu zu beginnen.*
10. *Krankheit und Sterben.*

Durch diese Liste begriff der Autor die verhältnismäßig unbedeutende Rolle, die er im väterlichen Leben gespielt hatte. Er konnte die Bewegung und Integrität im Lebenslauf seines Vaters nun von seiner eigenen Existenz trennen.

Trittstein- oder Wendepunkt-Listen machen es möglich, einzelne Teilbereiche des Leben von verschiedenen Seiten zu betrachten, indem Sie es nach bestimmten Stichworten oder Themen abfragen, wie beispielsweise: Einsamkeit, Wut, Selbsterkenntnis, Abschiede, Tod, philosophischer oder religiöser Einstellung.

Sie kann Mittel sein, um Erfahrungen zu verarbeiten und zu begreifen, oder auch Basis werden für kreative Arbeit. Sie können eine Liste sogar in ein Gedicht verwandeln oder eine Skizze für ein Ölgemälde oder eine Plastik verwenden. Häufig regen Listen zu weiteren Tagebucheinträgen an und zur Erprobung anderer Tagebuchtechniken.

Porträts

Das Porträt ist eine Form der Beschreibung. Anaïs Nin ist Meisterin des Porträts im Tagebuch, und vieles von dem, was ich zum Porträt sagen möchte, habe ich von ihr gelernt. Anaïs Nin gab sich besondere Mühe, ihre Porträts von Freuden und Bekannten fair und frei von Häme zu verfassen, sie war sich ihrer besonderen Fähigkeiten wie auch ihrer Schwächen sehr bewusst. Sie versuchte zum Beispiel stets so viele Einzelheiten wie möglich über diese Person und sich selbst einzubringen, denn: »Wenn man genug einbezieht, kann man nicht unfair sein«, sagte sie.

Porträts im Tagebuch entwickeln sich, wie sich eine Beziehung zu einem anderen Menschen entwickelt. Sie sind eine Methode zur Selbsterkenntnis und ein Mittel, um den anderen besser kennen zu lernen. Sie werden dabei Einzelheiten und Eigenschaften am anderen entdecken und sich selbst durch Ihre Reaktion darauf. Wenn Sie ein Porträt schreiben, erkennen Sie auch, auf welche Einzelheiten Sie besonders achten und welche Eigenschaften Sie für wichtig halten.

Ein Tagebuchporträt ist nie endgültig abgeschlossen. Man kann es in späteren Einträgen revidieren, ihm widersprechen und es erweitern. Sie beschreiben darin, warum ein bestimmter Mensch Sie interessiert, wie sich dieser Mensch und seine Beziehung zu Ihnen entwickelt und was Sie dabei über sich selbst erfahren.

Das flexible, sich weiter entwickelnde Porträt ist ein nützliches Werkzeug, um Projektionsprozesse aufzudecken. Wenn Sie »projizieren«, erkennen Sie Qualitäten, die Sie zwar besitzen, aber bei sich selbst nicht wahrnehmen, in einer anderen Person. Statt diese Person als eigene Persönlichkeit zu sehen, nehmen Sie eine Art Spiegelbild von sich selbst wahr. Projektionen produzieren Repliken Ihres unbekannten Gesichts. Durch Porträts im Tagebuch beginnen Sie zu erkennen, ob das Gesicht, das Sie beschreiben, vielleicht auch Ihres ist.

Hier die Arbeit einer Autorin, die ein wenig schmeichelhaftes Porträt ihrer Bekannten verfasste. Während des Schreibens begriff sie, dass deren Eigenschaften, die ihr auf die Nerven gingen, solche waren, von denen sie sich selbst zu befreien suchte:

Julias Porträt

Julia ist relativ groß und hat sehr viele gekräuselte, dunkle Haare. Sie ist ständig verliebt. Im Augenblick ist sie in einen Typen von der Crew verknallt, den sie gerade erst kennen gelernt hat.

Ich weiß nicht so genau, warum ich sie nicht ausstehen kann. Ich denke sie mir immer als hitzigen, liebeshungrigen, fast verzweifelten Menschen. Sie hat etwas Obszönes an sich, einen Geruch der Fruchtbarkeit, aber nicht die Art von Fruchtbarkeit, die zu Kindern und Familie führt, sondern eine, die zu leidenschaftlichen Nächten, kurzen, aber heftigen Affären, Tränen und ständig neuer Suche führt. Sie ist extrem weiblich ohne fraulich zu sein.

Erkenne ich etwas von mir in ihr? Es gibt sicherlich einen Teil von mir, der sich sein Vergnügen – wie sie – am liebsten jetzt und sofort verschaffen will, egal, was andere sagen und denken – ein Teil, der ganz leidenschaftliche Frau, eigensinnige Frau, ganz egomanische Frau ist. Und der Teil von mir, der Hingabe, Ordnung, Frieden und Integrität verlangt, wird von diesem eigenwilligen Ich in Julia bedroht.

In diesem Beispiel erzeugte die Projektion negative Gefühle, in anderen Fällen ist die Faszination für einen anderen Menschen der Grund, über ihn nachzudenken. Marion Milner beobachtete, dass ihre Gedanken immer dann zu einer bestimmten Person wanderten, wenn diese Person Qualitäten besaß, die, wie sie glaubte, ihr selbst fehlten. »Wie ein Kannibale, der das Herz des Feindes verzehrt, um sich dessen Mut anzueignen«, schrieb sie, »wurde ich von jemanden angezogen, dessen Qualitäten ich besitzen wollte.« Psychologen weisen oft darauf hin, dass wir die Qualitäten, die uns bei anderen faszinieren, selbst in uns tragen, wenn vielleicht auch nur im Embryonalstadium als Bruchteil. Durch Porträts von Menschen, die Sie faszinieren, erhält Ihr Tagebuch eine zusätzliche Qualität.

Porträts können aber auch anderes bewirken, wenn man darin bewusst Unterschiede darstellt. Wie ein unbeteiligter Beobachter beginnen Sie, Muster im Verhalten dieser Person zu erkennen, und später verstehen Sie, warum sie so handelt. Objektive Porträts von einem Elternteil, dem Lebenspartner oder den eigenen Kindern sind eine Hilfe, sie als unabhängige Persönlichkeiten zu akzeptieren, statt sie ausschließlich in Bezug zu sich selbst zu betrachten.

Wie alle Beschreibungen kann das Porträt im Tagebuch auch zu einem ganz privaten Instrument werden, mit dem Sie Ihre Selbstkontrolle zurückgewinnen, wenn Sie sich überfordert fühlen. Hier das Porträt eines Mannes, verfasst von einer Frau, die sich herablassend behandelt fühlte:

Willy, obwohl erst dreißig, benimmt sich wie ein Gentleman im Vorruhestand. Wenn wir zum beheizten Pool und dem Saunabereich seiner Wohnanlage gehen, sehe ich nur grauhaarige Männer mit Schwabbelbäuchen und goldenen Armbanduhren. Willy strahlt Männlichkeit, Vermögen und Macht aus. Er spricht in eleganten seidenen Wandteppichen und erzeugt komplexe Gespinste aus Lügen, Widersprüchen, spirituellen Wahrheiten, psychologischen Weisheiten, elitären Thesen, trotzigen Scherzchen, schlagfertigen Antworten, ernsthafter Selbsterkenntnis, eloquenten Komplimenten, scharfen Beobachtungen und nichtssagendem Geplauder. Ich werde in dieses Gespinst hineingezogen, rasch durch das Gewebe seines Lebens geschleust und am Ende wieder herausgezerrt und fortgeworfen.

Er hat die Grenzenlosigkeit des Reichtums und ich die Beschränkungen modischer Armut. Er ist der Spieler mit dem richtigen Blatt, und er will gewinnen. Er weiß nicht, dass ein Mann, der auf diese Art gewinnt, bei Frauen tatsächlich der Verlierer sein kann. Das Wesen der Frau schleicht sich davon, und er bleibt zurück mit einer leeren Hülle, einem Körper ohne Würde, einem Verstand ohne Elastizität, einem Verlangen ohne Freude.

Das Porträt half der Autorin, sich zu wehren, in einer Situation, in der sie sich machtlos fühlte. Durch die Beschreibung dieser unbefriedigenden Beziehung gelang es ihr, sich den eigenen Wert bewusst zu machen.

Porträts müssen jedoch nicht immer Beschreibung sein. Manchmal findet man sie in Listen oder Texten, die beim intuitiven Schreiben entstehen, oder auch als Vergleich mit anderen Personen und deren sehr konträren Eigenschaften, zu denen man sich hingezogen fühlt. Anaïs Nin verglich im ersten Band ihrer Tagebücher zum Beispiel immer wieder Henry Miller mit seiner Frau June, um die Polaritäten, die die beiden in Nins Kopf erzeugten, zu begreifen. Sie projizierte ihre eigenen Ambitionen als Schriftstellerin auf Miller und ihren Wunsch, eine archetypische *femme fatale* zu sein, auf June:

> *Ich bin gefangen zwischen Junes Schönheit und Henrys Talent. Ich bin ihnen beiden auf unterschiedliche Art zugetan, und ein Teil von mir fühlt sich zu ihm, einer zu ihr hingezogen. Die Schriftstellerin in mir ist an Henry interessiert, denn Henry schenkt mir die Welt der Literatur. June schenkt mir Gefahr. Ich muss mich entscheiden und kann es nicht.*

Ein Teil von Anaïs wollte eine Frau wie June sein, wie die Gesellschaft sie definierte, ein anderer Teil eiferte Henry Miller, dem ikonoklastischen Denker und Schriftsteller nach. Indem sie verglich, genau untersuchte, abwog und die Eigenschaften dieser beiden Menschen immer wieder neu bewertete, gelang es Nin schließlich, ihre eigene Identität als Frau einerseits und als Künstlerin andererseits in Einklang zu bringen und sich darin einzurichten. Nins Porträts von Henry und June findet man später in ihren Romanen als fiktionale Figuren Jay und Sabina wieder.

Maps of Consciousness

Manche Tagebuchautoren nutzen Zeichnungen und die spezielle Mapping-Technik des Clustering auf die gleiche Weise wie andere das intuitive Schreiben, – um ihr Unterbewusstsein zu aktivieren. Bei dieser Technik wird ein Kernwort in die Mitte der Seite geschrieben und davon ausgehend Assoziationen notiert, die mit Linien oder Strahlen verbunden werden. Von jedem neuen Wort können neue Abzweigungen abgehen, bis man alle möglichen Richtungen und Ideen, die das Kernwort ausgelöst hat, erforscht und ausgelotet hat. Die Maps of Consciousness – Landkarten des Bewusstseins – lassen erkennen, was in Ihrem Kopf vor sich geht. Der Weg dahin ist Meditation. Sie entspannen sich und erlauben dem Stift in Ihrer Hand zu gehen, wohin er will. Sie überlassen der Hand die Führung und schauen sich an, was sie tut, *während* sie es tut.

Marion Milner beschrieb dieses intuitive Zeichnen in ihrem Buch *Zeichnen und Malen ohne Scheu.* Eines Tages, nach einem Streit, begann sie, eine dicke Linie auf das Papier zu zeichnen:

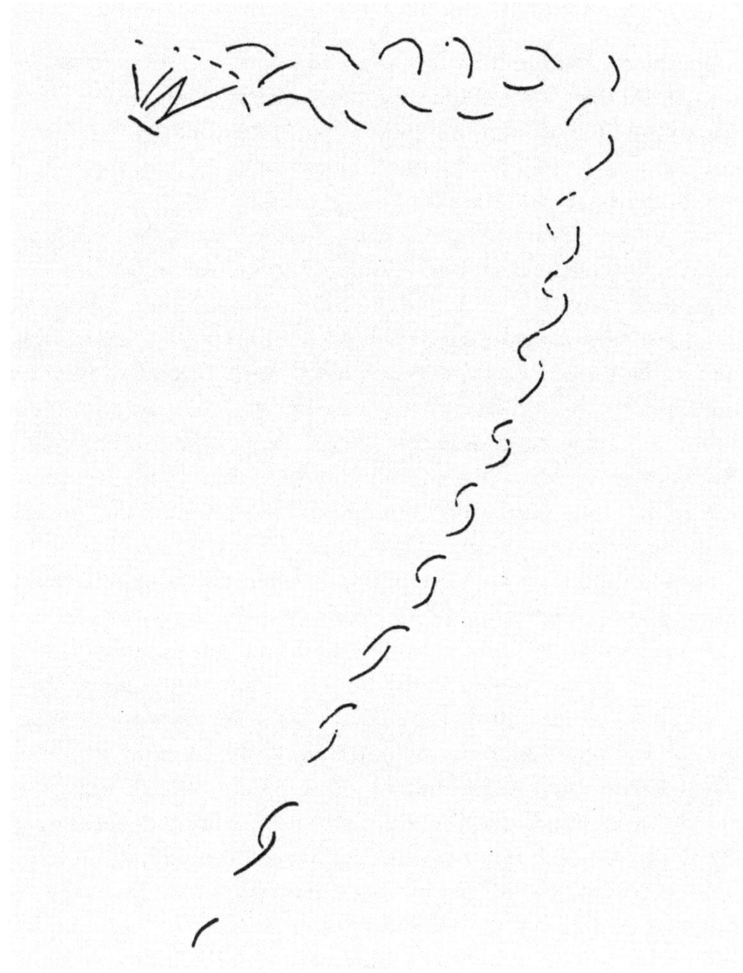

Das ist doch nur Gekritzel, was soll das? Es sieht aus wie eine Schlange, eine Schlange, die sich um den Baum windet, ja, die Schlange im Garten Eden, aber ich will das gar nicht malen, oh, jetzt verwandelt es sich in einen Kopf, meine Güte, was für ein scheußliches Ding, sieht aus wie Mrs. Punch oder die Herzogin bei Alice im Wunderland. Wie abscheulich sie ist mit dem krummen Rücken und der deformierten Hand und all dem protzigen Schmuck.

Ohne eine bewusste Vorgabe, wie von selbst, ganz ohne eine bestimmte Absicht, hatte sich die Zeichnung, anfangs nur ein Strich, zu einer krummen Matrone entwickelt. Als Milner mit der Zeichnung fertig war, stellte sie fest, dass ihre Wut verraucht war – sie hatte ihren humorvollen Ausdruck auf der Seite gefunden.

Für solche Zeichnungen braucht es kein künstlerisches Talent, es können Strichmännchen oder formlose Kleckse entstehen. Der Sinn liegt allein darin, dass Sie Spaß daran haben oder sich Ihres gegenwärtigen mentalen Zustands bewusst werden. Ästhetik oder Sorgfalt sind hier nicht gefragt. Manchmal, wenn ich mich besonders verwirrt fühle, zeichne ich ein Bild meiner widersprüchlichen Seiten. Oft erkenne ich Freunde und Familienmitglieder, meine Arbeit, meine Ambitionen, das Haus, in dem ich lebe oder in dem ich leben möchte. Ich versuche sie zu zeichnen, um Abstand zu gewinnen und um die Beziehung zueinander darzustellen.

Manchmal fühle ich, dass ich in meiner Zeichnung schwebe, manchmal stehe ich fest auf dem Boden. Manchmal versammeln sich Fragmente meiner Person auf gegenüberliegenden Seiten des Blattes und demonstrieren damit einen inneren Konflikt; ich suche dann nach einem gemeinsamen Nenner, um beide Seiten wieder verbinden zu können. Manchmal stehe ich im Zentrum eines harmonischen Kreises meiner Bedürfnisse, dann wieder bin ich isoliert in einem Turm, den ich selbst errichtet habe. Manchmal zeichne ich etwas, aus dem sich erst dann ein Sinn ergibt, wenn ich damit fertig bin – eine Zahl, ein Buchstabe oder ein Sternzeichen. Und manchmal stecken Bedeutung und Emotion in den Strichen und Linien selbst wie in fernöstlicher Kalligraphie. Diese Zeichnungen ermöglichen es mir, meine Stimmung als Ganzes und nicht nur in Bruchstücken auszudrücken.

Manche Autoren verwenden aber auch »fremde« Bilder, die zu persönlichen Bewusstseinsabbildern werden. Eine Frau klebt Ausschnitte und Bilder aus Zeitschriften, Anzeigen und Katalogen, die zu dem passen, was sie gerade empfindet, in ihr Tagebuch. Oft schreibt sie eine Anmerkung dazu, die erklärt, warum sie das jeweilige Bild berührt / angesprochen hat.

Ein Tagebuch könnte allein aus Zeichnungen bestehen und kein einziges Wort enthalten. Ich habe Tagebücher gesehen, in die jeden Tag ein farbiges Mandala gezeichnet wird, dem ein Absatz Reflexion folgt. Pierre zum Beispiel führt ein hauptsächlich visuelles Tagebuch. Jeden Tag zeichnet er ein Selbstporträt, jeden Tag dasselbe eckige Gesicht, in dem sich die jeweilige Stimmung und die sich entwickelnde Weisheit ausdrückt. Wenn er sein Tagebuch durchblättert, erkennt er, dass er sich ständig verändert und dennoch derselbe Mensch bleibt.

Surrealistische, expressionistische und visionäre Kunstwerke könnten auch als Maps of Consciousness bezeichnet werden. Der Tagebuchautor lässt es jedoch nicht allein beim Bild. Er geht einen Schritt weiter und fügt dem Bild eine Interpretation hinzu, die sich mit der Deutung des spontanen Bildes aus seiner Psyche beschäftigt. Ob die Zeichnung für andere wie ein Baum oder ein ausgefranster Besen aussieht, spielt keine Rolle. Was zählt, ist, was der Tagebuchautor, der Zeichner, darin sieht.

Milner interpretiert eines ihrer Bilder, das durch intuitives Zeichnen entstanden ist, als »Junge Frau, die das bestmögliche aus ihrem Leben machen will«, in dem sie ihren Gemütszustand wiederfindet.

> *Da ist eine Gestalt rechts unten, die ein wenig abseits von dem ganzen Durcheinander, dem Lärm steht. Sie kann sich offenbar weder so intensiv mit etwas beschäftigen wie die Schützin zu Pferd, noch sich so absolut einer Sache widmen wie die Dame zur Linken. Die Zeichnung verrät, was die abseits stehende Figur will, aber nicht erreichen kann. Ihre Haltung zeigt auch, auf welche Weise sie es versucht hat – durch große Anstrengung, Entschlossenheit* […] *Ich begreife sie jetzt als graphischen Ausdruck*

meiner Unwissenheit, dass man nur das Beste aus seinem Leben machen kann, wenn man sich der Aufgabe wirklich widmet. Die Pfeile links scheinen den Zusammenprall der verschiedenen Impulse, die ich verspürte, zu verdeutlichen, und die Pferde unten stehen wahrscheinlich für die Energie in mir.

Maps of Consciousness verdeutlichen Ihnen das Kräftespiel in Ihrer Persönlichkeit. Freies intuitives Zeichnen und Clustering können Gefühle darstellen, wo Worte fehlen. Durch eine Karte von der Wildnis in Ihrem Inneren erhalten Sie einen Überblick. Sie dürfen aber auch beim Zeichnen einfach nur Spaß haben; was dabei entsteht, kann Sie zu weiterer kreativer Arbeit – Gemälden, Zeichnungen, Cartoons, Fotos und Zeichentrickfilmen – inspirieren.

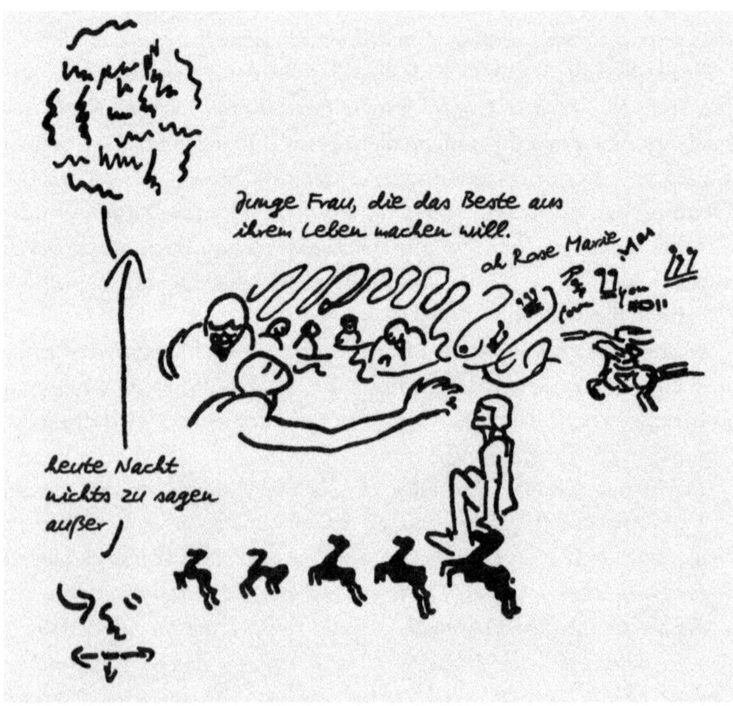

Geführte Imagination

Geführte Imagination – auch Imaginations- oder Wachtraum-Therapie – spricht, wie Katharsis, intuitives Schreiben und Maps of Consciousness die rechte, die gefühlvolle, intuitive, ideenreiche Gehirnhälfte an. Geführte Imagination hat etwas von einem Tagtraum, dessen Bilder Sie in Ihrem Tagebuch beschreiben. Für manche Menschen ist es, als ob unter ihren Augenlidern ein kompletter Film abläuft. Die meisten Menschen jedoch sehen keine deutlichen Bilder, sondern empfinden es so, als ob ein innerer Geschichtenerzähler ihnen die Fantasie beschreibt.

Wie das intuitive Schreiben und das Zeichnen ist die geführte Imagination stark von der Fähigkeit, sich entspannen und den Kopf von den Alltagssorgen freimachen zu können, abhängig. *Geführt* wird die Imagination dann, wenn Sie Ihrer Fantasie eine Aufgabe stellen, eine Szene vorgeben.

Ein einfaches Beispiel: Sie stellen sich einen Ort der Ruhe und Schönheit vor. Beschreiben Sie sich dort: Ich liege im weichen Sand am Meer, spüre die Sonne auf der Haut und lausche dem Rhythmus der Wellen. Oder Sie versetzen sich auf eine saftiggrüne Wiese, die von schützenden Bergen umgeben ist, in einen Wald mit exotischen Vögeln und friedlicher Tieren, in einen Kajak auf einem glatten, klaren, türkisfarbenen See – was immer auf Sie beruhigend und entspannend wirkt.

Sobald Sie Ihr persönliches Reich geschaffen haben, bevölkern Sie es mit Menschen oder Tieren, vielleicht mit einer Figur, die für Sie Weisheit symbolisiert, die Ihnen rät, bei der Lösung eines Problems hilft oder die Heilung einer Krankheit unterstützt. Für religiöse Menschen ist diese Symbolfigur vielleicht die Jungfrau Maria, Jesus, Buddha, für andere ein großer Philosoph oder Schriftsteller, eine Figur aus einer Legende oder der Literatur, ein ehemaliger Lehrer oder ein Eltern- oder Großelternteil. Für mich ist es eine Figur aus einem meiner Träume, eine Frau im indischen Sari, und ich nenne sie meine Guru-Frau.

Geführte Imagination ist eine wirksame Methode, in sich zu ruhen.

Sie ist geschriebene Meditation, durch die Sie Entspannung, Klarsicht und ein geschärftes starkes sinnliches Bewusstsein erreichen können. Auch kreative Blockaden können durch geführte Imagination positiv beeinflusst werden. Durch Biofeedback-Messungen ließ sich nachweisen, dass geführte Imagination Muskelspannung, Blutdruck, Körpertemperatur und andere Körperfunktionen beeinflussen kann. Der Tagebuchautor kann immer wieder zu seiner Fantasieszene oder Symbolfigur zurückkehren, um erneut Trost und meditativen Frieden zu erleben.

Nachdem Sie Ihre innere Landschaft gefunden haben, nutzen Sie den Fluss der inneren Bilder für die Entwicklung Ihrer Kreativität. Lassen Sie eine Erzählung, ein Gedicht, ein Stück, eine Kurzgeschichte, ein Märchen, ein Lied, ein Bild oder eine utopische Vision entstehen, gehen Sie auf eine Fantasiereise.

In meinen Tagebuchkursen, an denen Menschen aus allen Lebensbereichen, Armeepiloten, Frauen im Drogenentzug, Uni-Professoren und Eltern, deren Kinder Sonderschulen besuchen müssen, teilnahmen, fand ich heraus, dass geführte Imagination am besten eingesetzt wird, um mit der eigenen Symbolfigur ein Gespräch zu beginnen. Als Erstes entspannen Sie sich, schließen Sie die Augen, schalten Sie alle anderen Gedanken ab und lassen Sie sich an jenem friedlichen Ort, den Sie sich in Ihrer Fantasie erschaffen haben, auf einer Bank nieder. Bald werden Sie spüren, dass Ihre Symbolfigur zu Ihnen kommt und sich neben Sie setzt.

Nun beschreiben Sie ihre Figur, ihr Gesicht, ihr Haar, ihre Kleidung, vielleicht als wenn Sie eine Geschichte erfänden.

Dann begrüßen Sie sie und beginnen ein Gespräch mit ihr. Wenn Sie einen Rat brauchen, bitten Sie sie darum. Meine Figur berät mich nun seit dreißig Jahren. Auch wenn ich ihrem Rat nicht immer gefolgt bin, hat sie mich immer getröstet und geleitet, wenn ich nicht mehr wusste, wie es weitergehen sollte.

Viele Leute – auch ich – haben durch Imaginationsübungen im Tagebuch eine komplette innere Welt erschaffen, einen Zufluchtsort, wenn man ihn braucht. Was ich zunächst nicht wusste, als ich begann, mich mit Tagebüchern zu beschäftigen: Diese innere Welt ist nicht unveränderbar. Sie können ihr immer wieder neue »Charaktere« dazu gesellen. Ich hatte zum Beispiel einmal das Bedürfnis, mit einer klugen Person zu sprechen, die ein ganz anderes Wesen besitzt als meine Guru-Frau. Ich hatte Jean Shinoda Bolens *Feuerfrau und Löwenmutter* gelesen und überlegt, wie es wäre, die geheimnisvolle mythologische Gestalt der Hekate kennen zu lernen, und machte mich daran, Hekate in meiner Vorstellung zum Leben zu erwecken. Es war, als ob ich eine Geschichte schrieb:

Ich schließe meine Augen, drehe mich dreimal um die eigene Achse und klatsche dreimal in die Hände. »Hekate, offenbare dich mir bitte.« Ich schlage die Augen auf und sehe eine winzige, drahtige Frau mit einem Tuch um den Kopf. Sie trägt ein wallendes Gewand aus feiner Wolle und Kaschmir und sitzt, ich schwöre es, auf einem Besenstil. Sie wirkt ausgesprochen biegsam und munter.

Ich *Ich staune*

Hekate *Warum?*

Ich *Du siehst aus wie eine Hexe, nach der Kinder Steine werfen würden, eigentlich wie ein Klischee. Und – frisst du auch kleine Kinder?*

Hekate *Nein, zumal mir Kinder nicht viel geben. Ich hab die Mutternummer hinter mir.*

Ich *Du bist hässlich und alt. Warum sollte ich wollen, dass du ein Teil von mir bist?*

Hekate *Weil auch du alt wirst, Herzchen, du wirst älter, und irgendwann wirst du sterben. Versuch doch mal, dich ohne meine Hilfe damit auseinander zu setzen.*

Das Gespräch setzte sich noch eine Weile fort und ließ mich unter anderem erkennen, dass ich mich nicht länger in das Leben meiner erwachsenen Tochter einmischen sollte:

Hekate *Willst du wirklich das bisschen, was dir noch von deinem Leben und deiner Energie übrig geblieben ist, damit vergeuden, etwas in Ordnung zu bringen, das du nicht in Ordnung bringen kannst? Lass dir eins sagen, Herzchen. Du hältst mich für hässlich? Willst du wissen, wer hässlich ist?*

Du, die du an deiner Wut und deinem Kummer festhältst. Das ist sinnlos. Verschwendete Energie. Und du solltest langsam begreifen, dass es dir und vor allem den Leuten schadet, denen du helfen willst.

Hinterher saß ich da und fragte mich, wie meine imaginäre Figur es geschafft hatte, mir etwas beizubringen, was ich nicht einmal von meinen besten Freunden akzeptierte. Solange Sie im Kopf behalten, dass Ihre Fantasiefigur wirklich nur Fantasie ist und allein Ihrer Kontrolle unterliegt, kann sie Ihnen die Art psychologische Unterstützung gewähren, wie es indirekt die Aufgabe von Mythologie und Riten war.

Mit geführter Imagination können Sie sich von Alpträumen befreien, indem sie in eine Geschichte oder eine Zeichnung verwandelt werden. Sie schrecken aus einem furchtbaren Traum auf, erzählen ihn in Ihrem Tagebuch und kämpfen so lange mit dem Bösen, bis Sie ein zufriedenstellendes Ende gefunden haben. Auch das ist einer fiktionalen Geschichte ähnlich, nur dass Sie sie nicht für ein Publikum geschaffen haben, sondern damit Sie zu Ausgeglichenheit und innerem Frieden zurückfinden können.

Eine Tagebuchautorin verwandelte ihren verstörenden Traum in ein Gedicht. Das behutsame Arrangieren der Bilder aus ihrem Traum verbunden mit dem rhythmischen Gleichgewicht der Poesie erlaubten ihr, Ordnung in den chaotisch Traum zu bringen. In den Minuten, in denen sie ihr Gedicht verfasste, gewann sie die Kontrolle über ihre wirren Gefühle, die der Traum ausgelöst hatte.

Ich träume, du bist nah bei mir,
Ich träume von Soldaten,
Ich träum' von Lachen, Fieber, Gier,
und du, du willst mich halten.

Sobald sie die Bilder geordnet hatte, war sie in der Lage zu erkennen, wie klar sie die Vielschichtigkeit ihrer Beziehung zu ihrem Ehemann ausdrückten. Sie wusste die Nähe, die sie teilten, zu schätzen, fühlte sich aber gleichzeitig eingeschränkt und wie gefangen. Sie spürte in ihrer beider Leben eine ungesunde Starre und Reglementierung (die Soldaten), erlebte aber auch Lachen und Ekstase. Dieses doppelte Empfinden, diese scheinbaren Unvereinbarkeiten verursachten die Verwirrung, die zu einem Alptraum führte. Die Widersprüche zu einem Gedicht umzuformen, ließ die negative Energie in kreativen Ausdruck münden, was wiederum der Autorin einen Weg aufzeigte, durch Akzeptanz auch widerstreitender Gefühle ein inneres Gleichgewicht zu erreichen.

Poesie ist seit einem Jahrtausend Bestandteil des Tagebuchschreibens. In traditionellen japanischen Tagebüchern folgt narrativen Prosa-Absätzen häufig ein Gedicht, das ein intensives Gefühl oder einen Augenblick gesteigerter Wahrnehmung ausdrückt.

Mursaki Shikibu, eine japanische Tagebuchautorin aus dem 11. Jahrhundert, beschreibt zunächst in Prosa eine Situation, die sie zu einem Gedicht inspirierte:

> *Ich wünschte, ich könnte in dieser Welt anpassungsfähiger und fröhlicher sein – hätte ich nicht diesen außergewöhnlichen Kummer* [...]. *So sann ich eines Morgens nach, als ich Wasservögel unbekümmert im Teich spielen sah.*
>
> *Wasservögel schwimmen auf dem Wasser*
> *Sie scheinen fröhlich*
> *Aber in Wahrheit*
> *Ist es nicht lustig, stets nach Mitteln zum Überleben zu suchen.*
>
> *Ich empfand Mitgefühl mit jenen, die so tun, als ob sie nichts anderes als ihr Vergnügen im Sinn hätten, doch in Wahrheit stets darauf bedacht sind, ihren Lebensunterhalt zu sichern.*

Murasaki war Mitglied des japanischen Hofes, und ihr Leben musste auf andere sorglos und leicht wirken. Doch wie die Wasservögel war sie vor allem darauf bedacht, ihren Lebensunterhalt zu sichern.

Auch Lieder können zu einer Form geführter Imagination werden, da sie, wie Poesie, Bildersprache und Rhythmus sind. Viele Liedermacher verwenden ihr Tagebuch, um Texte zu entwickeln. Der Musiker Leo Sayer schrieb, bevor er bekannt wurde, die Texte für seine ersten drei Alben in sein Tagebuch, das er stets bei sich hatte, wenn er in die Fabrik arbeiten ging.

Eigene Lieder und Gedichte im Tagebuch brauchen kein Kritikerlob oder kommerziellen Erfolg, um dem Autor zu nutzen. Manche Menschen schreiben Verse in altmodisch-stilisierter Sprache in ihr Tagebuch. Sie verwenden Syntaxumkehrungen, biblische Begriffe oder ungebräuchliche Redewendungen. Vielleicht verbinden sie Poesie mit dieser antiquierten Darstellungsform, vielleicht spricht plötzlich eine Stimme aus der Vergangenheit aus ihnen? Immer aber kann Poesie in Verbindung mit geführter Imagination ein hilfreiches Ausdrucksmittel für den Tagebuchschreiber sein.

Geführte Imagination kann Ihnen außerdem helfen, Ihr Verhalten in bevorstehenden Konfliktsituationen zu proben, indem Sie schriftlich darüber nachdenken, wie Sie sich verhalten möchten. Sie könnten sich zum Beispiel auch eine »zweite Chance« zum Handeln vorstellen: Suchen Sie ein Ereignis aus der Vergangenheit, bei dem Sie unzufrieden mit Ihrem Verhalten waren. Dann beschreiben Sie den Ablauf so, wie er Ihnen lieber gewesen wäre. So können Sie aus Fehlern lernen, gleichzeitig bereiten Sie sich innerlich darauf vor, wie Sie in Zukunft in einer ähnlichen Situation reagieren möchten.

Ein Beispiel: Eine Frau hatte solche Angst vor Kakerlaken, dass sie einmal vollkommen überstürzt handelte. Als sie während eines Aufenthaltes in New York in ihrem Hotel ein großes Exemplar entdeckte, war sie derart entsetzt, dass sie ihre Tasche packte und sofort abreiste, ohne zu Ende zu bringen, weswegen sie angereist war. Anschließend fand sie ihr Verhalten selbst so peinlich, dass sie sich in ihrem Tagebuch eine *zweite Chance* gab. Sie schrieb das Datum des Vorfalls auf und erlebte ihn durch geführte Imagination noch einmal neu – und ganz anders:

Als ich ans Waschbecken trat, sah ich sie – die Kakerlake, mindestens zehn Zentimeter lang, und sie huschte über den Boden. Ich war vollkommen entsetzt. Ich holte den Besen und versuchte, das Vieh zu erschlagen, aber es rettete sich unter eine Schachtel. Das machte mich wütend. Ich suchte die Lauge und das Ameisengift und mischte beides.

Dann wartete ich, lauerte wie eine Katze auf die Maus. Ich schlich mich so nah wie möglich heran und schüttete das Gift aus. Das widerliche Vieh schoss davon und suchte erneut Schutz.
Jetzt war ich wirklich sauer. Ich griff nach einem Brett und wartete. Als es sich heraustraute, sagte ich mir, jetzt oder nie, und schlug zu. Ich warf das Brett auf das Ding und trat drauf. Ich hörte, wie der Panzer knackte.
Als ich unter das Brett schaute, war nur noch brauner Matsch zu sehen. Ich brachte das Brett sofort hinunter zum Müll, schüttete das Gift weg und wischte die Reste mit Haushaltspapier weg. Dann duschte ich und zog mich zum Abendessen an. Ich war zittrig, aber ich hatte meine Angst besiegt.

Anschließend kommentierte die Autorin:

Während ich schrieb, hätte ich am liebsten aufgegeben und wäre wieder weggelaufen. Aber nach meinem Triumph fühlte ich mich wie ein anderer Mensch. Wegzulaufen hatte mir die Kraft genommen, doch jetzt fühlte ich mich stärker denn je.

Nur darüber zu schreiben, ist natürlich nicht so gut, wie das Ding in der Realität zu zerquetschen, aber es hat zumindest etwas gebracht. Ich weiß jetzt immerhin, wie ich mir helfen und meinem miesen Gefühl danach entgegenwirken kann.

So wie intuitives Schreiben und Zeichnen dann eingesetzt werden können, wenn konventionelle Ausdrucksmöglichkeiten nicht genügen, so kann auch geführte Imagination sehr wirkungsvoll sein, wenn man Probleme ruhig, originell und kreativ angehen will. Es kann Ihnen helfen, das emotionale Gleichgewicht zu halten, und es erlaubt Ihnen, eine innere Landschaft zu erschaffen, in der Sie sich amüsieren, erholen, entspannen, entwickeln und Rückhalt holen können.

Geführte Imagination kann auch helfen, wenn Sie sich vor dem Schreiben aufwärmen und lockern wollen. Sie ist besonders bei kreativen Arbeiten hilfreich – beim Schreiben von Kindergeschichten, Gedichten, Science-Fiction-Storys, kurz: immer dann, wenn besonders die Fantasie gefragt ist.

Der Perspektivenwechsel

Der Perspektivenwechsel im Tagebuch ist eine Methode, die Ihnen die Möglichkeit gibt, sich selbst, ein Erlebnis oder einen Teil Ihrer Erfahrung von einem objektiven Standpunkt aus zu betrachten. Ein Perspektivenwechsel kann bedeuten, dass Sie beispielsweise über sich selbst in der dritten Peron als »sie« oder »er« schreiben. Oder dass Sie, um mehr Verständnis für einen anderen Menschen zu gewinnen, sich in seine Lage versetzen, seinen Standpunkt vertreten und aus seiner Sicht in der Ich-Form schreiben. Der veränderte Standpunkt ist in der Literatur üblich, aber auch als Tagebuchtechnik nützlich.

Über sich selbst als »er» oder »sie« zu schreiben, ist, als würde man mit der Kamera immer weiter zurückfahren, um eine Weitwinkelansicht der Gesamtsituation zu schaffen. Dabei nehmen Sie Zusammenhänge wahr, die Sie als »Ich-Person« durch die Nähe zur beschriebenen Situation nicht erkennen konnten. Denn es gibt Situationen, die so problematisch sind, dass man sie nur aufschreiben kann, wenn man sich distanziert und vorgibt, sie seien jemand anderem zugestoßen. Im folgenden Eintrag zum Beispiel schreibt die Autorin zwar über sich, fühlt sich aber mit ihren eigenen Emotionen so unwohl, dass sie sie lieber einer neutralen »sie« zuordnet:

Sie war im Sommer dreißig geworden. Sie konnte es fühlen wie auch sehen – etwas war weg, eine Art von Strahlen, das sie noch auf alten Fotos sah, das Strahlen, das sie bei den Studenten wahrnahm, die reine Jugend, nichts weiter, dieser natürliche Saft, die Energie der Kinder, die sich bei ihr zersetzte. Sie spürte, wie es geschah, während sie sie anstarrte und auf die Antwort auf eine bedeutungslose Frage wartete und die Kreide ihre Hand mit weißem Puder überzog.

Dieses Gefühl der Stagnation geht kurz darauf vorüber, und die Autorin bezeichnet sich anschließend wieder als »Ich«, aber der vorübergehende Perspektivenwechsel erlaubt es ihr, ein Gefühl preiszugeben, dass sie sich unter anderen Umständen wahrscheinlich nicht eingestanden hätte. Auch der Arzt in Vietnam, der ein Kriegstagebuch führte, greift auf das »er« zurück, weil es ihm Distanz zu den beschriebenen Ereignissen ermöglicht und ihm die Beschreibung so leichter macht.

Dennoch sollte der Tagebuchautor mit dieser Technik vorsichtig umgehen, weil der veränderte Standpunkt ihn leicht von sich selbst entfernen kann – das eigene Leben wird zur Fiktion und das Ich entfremdet sich der eigenen Erfahrung.

Wenn Sie sich dessen bewusst sind, können Sie sich eine neue Welt der Wahrnehmung erschließen und andere Menschen sehr viel besser verstehen, weil Sie die Welt aus ihrer Perspektive betrachten. Manchmal nimmt eine Tagebuchautorin sogar die Körperhaltung jener Person ein, aus deren Sicht sie schreibt, und imitiert ihre Gesten. Wie eine Schauspielerin erspürt sie deren Körperspannung und setzt sich zum Schreiben so, wie diese Person sich setzen würde.

Mit dem Perspektivenwechsel können Sie sich an einen anderen Ort denken. Wenn Sie gerne umziehen würden, beschreiben Sie im Tagebuch Ihre Vorstellungen von den Veränderungen, die Sie von einem solchen Ortswechsel erwarten würden.

Ich weiß noch, wie ich bereute, die Tagebücher, die ich als Kind geführt hatte, verbrannt zu haben, ich hätte mich so gerne daran erinnert, wie ich im Alter von dreizehn gedacht und gefühlt hatte. Eines Abends gab es im Fernsehen eine Sendung über die alte Flash-Gordon-Serie, die ich zu dieser Zeit regelmäßig gesehen hatte. Am gleichen Abend trug ich das Datum 27. Juni 1958 in mein Tagebuch und stellte mir vor, es sei ein altes Tagebuch von damals. Ich imitierte sogar die ungelenke, kindliche Handschrift einer Dreizehnjährigen, und diese kleinen Veränderungen ermöglichten mir, einen Eintrag zu reproduzieren, mit dem ich recht nah an das Original gekommen sein könnte:

27. Juni 1958

Liebes Tagebuch,
war heute mit Marcia im Kino. Wir haben zwei Jungs kennen gelernt, der eine heißt Butch, der andere Bruce. Zweimal B.
Marcia hat mit dem einen rumgemacht und ich mit dem anderen. Zuerst hat er gesagt, dass er Tony heißt, später hat er sich aber verbessert.
Er hat braune Haare und braune Augen. Er wollte meine Brust anfassen, aber ich hab seine Hand immer wieder weggeschoben. Ich war ziemlich aufgeregt.
Marcia wollte dann mal tauschen. Ich wollte das nicht, weil ich nicht wusste, wozu das gut sein sollte. Aber dann hab ich's begriffen. Butch beißt einem beim Küssen auf die Lippe.
Dann hab ich gesagt, dass Marcia und ich jetzt gehen müssen. Marcia wollte ihnen unsere Nummer geben, aber ich hab meine nicht rausgerückt.

Ich fand es so spannend, wie sehr ich allein durch das veränderte Datum und die andere Handschrift den Tonfall eines pubertierenden Mädchens der Zeit getroffen hatte, dass ich später weitere Einträge als dreizehnjähriges Alter Ego schrieb. So gelang es mir, einiges aus den alten Tagebüchern, die ich verbrannt hatte, zu rekonstruieren.

Mit dieser Technik können Sie außerdem im Tagebuch für kommende Situationen proben. Wenn Sie zum Beispiel eine Gehaltserhöhung verlangen wollen, können Sie vor dem Termin aufschreiben, was Sie sagen und tun (oder nicht sagen und tun) werden oder wie Sie reagieren wollen. Das Potenzial für persönliche Erkenntnisse durch einen Wechsel der Perspektive ist ungeheuer groß. Probieren Sie es aus.

Briefe als Tagebuchtechnik

Viele Autoren schreiben in ihrem Tagebuch imaginäre Briefe an Menschen, die eine besondere Bedeutung in ihrem Leben haben. Banale Tagesaktivitäten oder Wetterinformationen gehören jedoch nicht da hinein. Falls Sie einen solchen vorgedachten Tagebuchbrief überhaupt absenden, wird er sich später meist erheblich von der Tagebuchfassung unterscheiden. Vielleicht schicken Sie ihn aber auch niemals ab. In jedem Fall hat er seinen Platz als spontane Aufzeichnung über Ihr Verhältnis zu einer nahestehenden Person während einer bestimmten Zeit verdient.

Oft schreiben Autoren Tagebuchbriefe von vornherein ohne die Absicht, sie tatsächlich abzuschicken. Sie entstehen meist ganz unbeabsichtigt, weil man während des Schreibens an einen Menschen denkt. Anaïs Nin unterbricht in ihren *Tagebüchern* (Band VI) plötzlich den Erzählfluss und spricht ihren Therapeuten an: »Dr. Bogner, heute bringe ich Ihnen einen Vorhang, nur einen Vorhang. Nichts weiter. Hinter dem Vorhang muss etwas sein.« Anschließend redet Anaïs Nin mit ... Bogner über die Kindheitserinnerungen, die sich in ihrem Traum hinter »dem Vorhang« befinden. Während sie sich an ihren Therapeuten wendet, fühlt sie sich, als ob sie in der Praxis des Doktors säße. Tatsächlich aber ist der nicht abgeschickte Brief für Nin eine Methode, mit ihrem eigenen inneren Therapeuten zu sprechen.

Manchmal schreiben Tagebuchautoren imaginäre Briefe an eine Person, weil sie nicht aussprechen könnten, was sie ihrem Brief anvertrauen – weil es vielleicht zu verletzend wäre, vielleicht weil der Autor sich nicht traut, vielleicht weil es im Augenblick keine Möglichkeit gibt, mit diesem Menschen persönlich zu reden. Als ich erfuhr, dass eine frühere Freundin im Sterben lag, wollte ich unbedingt noch einmal mit ihr sprechen. Aber ich sah ein, dass sie bereits in einem Zustand war, in dem nur noch enge Freunde und Familie Trost spenden konnten, und ich beschloss, ihr einen Brief zu schreiben, wohl wissend, dass ich ihn niemals abschicken würde.

29. August 2003

Liebe Jennifer,

ich muss dir auf diese Art schreiben, weil ich dir im wirklichen Leben mein Herz nicht mehr öffnen kann. Gestern habe ich von Dean gehört, dass du in einem Sterbehospiz bist und dein Körper und Geist schon von Mesothelioma zerfressen sind.

Es ist nicht leicht, mich von dir zu verabschieden, von dir, die du wie eine Elfe gelebt hast, gesegnet mit Schönheit und geschunden durch eine Kindheit, die von Vernachlässigung und Misshandlung geprägt war. Ein Pflegekind. Eine Buchliebhaberin, die nie aufs College gegangen ist. Du hast von Sozialhilfe gelebt, drei Kinder großgezogen und dann deinen Traumjob mit Kranken- und Rentenversicherung in einem Buchladen in San Francisco bekommen. Deine sonnige, spirituelle Anschauung, die du dir all die schweren Jahre über erhalten hattest, schien endlich zu ihrem Recht gekommen zu sein. Und nun das. Ich verstehe das nicht. Wo liegt der Sinn darin? Wenn du könntest, würdest du mir erklären, wieso es so und nicht anders sein muss, und ich würde dir glauben und daraus lernen, aber du kannst mir nichts mehr erklären. Es ist absurd. Warum, Jennifer Easier, warum war dein Leben nicht so leicht wie dein Name?

Tagebuchbriefe müssen nicht einmal mit direkter Anrede – »Liebe Jennifer« – beginnen. Oft schreibt man unbewusst an ein »Du«, an das man gerade denkt. Sicher haben Sie sich auch schon einmal innerlich mit einer bestimmten Person unterhalten, sie in Gedanken beim Autofahren, beim Einkaufen im Supermarkt oder Spazierengehen angesprochen. Tatsächlich unterhalten wir uns oft auf kaum bewusster Ebene, häufig mit Menschen, zu denen wir ein etwas problematisches Verhältnis haben. Die Brieftechnik im Tagebuch kann uns diese Art der Kommunikation bewusst machen.

Frauen neigen eher dazu, gedanklich mit Männern, die ihnen nahe stehen, zu sprechen. In der Geschichte der Tagebücher finden sich eine Menge Tagebücher, die hauptsächlich aus Briefen an Liebhaber, den Ehemann, den Bruder bestehen. Eugénie de Guérin beispielsweise richtete ihr Tagebuch an ihren Bruder, Maurice de Guérin. Dieser dagegen adressierte sein Tagebuch ausschließlich an sich selbst.

Während seine Schwester sich in beinahe jedem Abschnitt an Maurice wendet, ist das einzige weibliche Wesen, das er je anspricht, eine abstrakte Personifizierung der Natur. Liest man beide Tagebücher, fällt auf, dass Maurice sich seiner selbst immer bewusster wird, sich besser kennen lernt, während bei Eugénie das Gefühl entsteht, immer weiter in den Hintergrund zu treten. An einer Stelle schreibt sie tatsächlich: »Ich stattdessen bin allein, einsam, nur halb lebendig, als ob ich nur eine halbe Seele besitze.«

Zuviel Brieftechnik kann also ebenso unbefriedigend sein wie zu häufiger Perspektivenwechsel: Der Autor entfernt sich zu weit von seinem Ich und seinen Erfahrungen. Das Ziel des Tagebuchs ist jedoch, sich durch den Dialog mit dem Ich zu begreifen und besser kennen zu lernen. Wenn die Gedanken ständig nach außen gerichtet sind, kann man sich leicht auf eine andere Person fixieren oder sich in einer anderen Person verlieren. Um jedoch schwierige Beziehungen zu erforschen und zu klären, kann die Brieftechnik zur Selbsterkenntnis und zum Verstehen beitragen.

Der nicht abgeschickte Brief im Tagebuch bietet eine Alternative zur Kommunikation, unabhängig davon, ob der Adressat lebt oder verstorben ist, und von Zeit und Raum: Sie können hier mit jedem kommunizieren. Manche Menschen führen ihr Tagebuch als fortgesetzten Brief an jemanden, der es zu einer bestimmten Zeit erhalten soll.

Gina, eine junge Mutter, schreibt ihr Tagebuch als Brief an ihre Tochter Lisa, die heute noch viel zu jung ist, um all die Gedanken ihrer Mutter verstehen zu können. Die »Briefe« an Lisa beschreiben die Entwicklung des Kindes und die Reaktionen der Mutter, Ginas gegenwärtige Gefühle, ihr Leben als erwachsene Frau und Erinnerungen an eine Zeit, in der sie so alt war wie Lisa jetzt. Einträge, die an verschiedene Männer gerichtet sind, dazu Listen von täglichen Aufgaben, die erledigt werden müssen, ergänzen die Briefe. Auf diese Weise konzentriert sich Ginas Tagebuch nicht ausschließlich auf einen anderen Menschen. Sie steht als Person weiter im Zentrum, obwohl sie sich ständig in ihren Briefen an ihre heranwachsenden Tochter wendet. Hier einige Ausschnitte:

4. Dez.
Gestern Abend sind wir lange spazieren gewesen, und du hast mir davon erzählt, wie du damals »in dem kleinen Haus, in dem du durch mein Zimmer musstest, um ins Bad zu kommen« immer Angst hattest. Diese Angst konntest du nicht in Worte fassen, und du hast geweint, als du es mir zu erklären versucht hast. Die Angst, nichts zu sein, ein Nichts. Immer wieder hast du gesagt: »Das ist das, und das ist alles, was da ist – nein! Ich kann's nicht richtig erklären!« Angst vor der Leere? Wir haben lange Zeit über das Universum, über Angst, Liebe und Freundschaft geredet.

22. Jan.
Gestern Abend hast du gesagt, wie schmerzlich du es findest, dass sich nie etwas wiederholt, nichts mehr so wird, wie es einmal war, sondern für immer verloren ist (wir haben den Katzen beim Balgen und Spielen zugesehen).

1. Apr.
Heute Abend warst du verwirrt: An welche Elfen solltest du glauben? An die winzigen, die in den Butterblumen wohnen, oder die mittelgroßen, die ungefähr einen Fuß hoch sind, oder die, die fliegen können? Mit einem plötzlichen Oh! hast du begriffen: »Es sind bloß alles ganz verschiedene. Ich glaube an alle.«

20. Okt.
Gestern, süße Lisa, hast du mir erzählt, dass du, wenn du daran denkst, wie das ist, Liebe zu machen, ein »komisches Gefühl« hast … »nicht wie ein Kitzeln, sondern so, als wenn ich aufs Klo muss.« Süße heranwachsende Mädchen-Frau. Kann ich mich an die ersten zarten Ansätze von Lust erinnern? Ja, ich glaube: Ich stellte mir vor (die Decke über den Kopf gezogen), dass ich mit Gene in einem Iglu war. Wir taten nichts (wusste ich schon, dass man was tun musste?), nur dieses Gefühl, dieses Ziehen … wie alt war ich da? – Ich habe dir gesagt, dass Liebe machen einfach klasse ist.

12. Aug.
Lisa, ich liebe dich jetzt, wo immer dein Jetzt *ist, denn der Fluss der Liebe, von dem ich getrunken habe, hat kein Anfang und kein Ende.*

In Briefen können Sie Gegenstände oder zum Beispiel einen Körperteil oder einen Charakterzug, eine Eigenschaft Ihrer Persönlichkeit beschreiben. Manche Tagebücher enthalten fiktive Briefe, die der Autor im Laufe der Jahre an einen Elternteil, ein Kind, den Ehepartner oder seine Geschwister geschrieben hat, worin er Dinge ansprechen konnte, die verdrängt oder unausgesprochen geblieben waren.

Sie können auch an einen noch nicht vorhandenen Enkel, an Ihre Firma, an Ihr Haar oder Ihre Falten schreiben. Manchmal entwickeln sich Briefe zu einem Dialog, der dem fiktiven Empfänger des Briefes die Möglichkeit gibt zu reagieren.

Dialoge

In den sechziger Jahren begannen Gestalttherapeuten, die Technik des imaginären Dialogs einzusetzen, um Patienten dabei zu helfen, sich der verschiedenen Aspekte ihrer Persönlichkeit bewusst zu werden. Doch schon vor hundert Jahren hatte die Autorin Aurore Dupin, besser bekannt als George Sand, in ihrem Tagebuch solche inneren Dialoge geführt, beispielsweise die imaginären Gespräche mit einem »Dr. Piffoel«, ihre praktische-rationale männliche Seite. Er beriet sie zum Beispiel in Liebesangelegenheiten. Mit kühlem Kopf erteilte er ihr Ratschläge, während Sands feminine Seite ihn an ihre tiefen Gefühle und Bedürfnisse erinnerte. Durch den Austausch in diesen Dialogen ihrer männlichen und weiblichen Denkungsweise entstand eine freundschaftliche, anregende Beziehung, in der sich die Autorin George Sand ausgeglichener, *vollständiger* fühlte.

Der Tagebuchdialog ist ein Gespräch mit sich selbst, über eine Person, ein Ereignis oder ein Thema, das Sie beschäftigt, mit dem Zweck, Klarheit zu gewinnen und Verstehen zu lernen. Der Dialog kann eine Situation klären, die durch die anderen Techniken allein nicht zu entwirren ist. Gesprächspartner können Eigenschaften Ihrer Persönlichkeit, Menschen, die Sie kennen, oder ganz Fremde, historische Persönlichkeiten, Traumgestalten, Tiere, Gegenstände, Körperteile oder was immer Sie beschäftigt, sein.

Dialoge ergeben sich häufig aus anderen Tagebuchtechniken. Die Autorin beispielsweise, die beim intuitiven Schreiben immer wieder auf ihre Mutter zurückkommt, könnte irgendwann einen Dialog mit ihr verfassen. Die Autorin, die »Julias Porträt« geschrieben hat, wäre vielleicht gut beraten, mit ihrer eigenen »Julia-Seite« zu kommunizieren. Sie wissen selbst, wann Ihnen eine Technik nicht mehr genügt, um ein Thema oder ein Problem zu untersuchen.

Der »Gestalt-Dialog« taucht im Tagebuch häufig auf, wenn der Autor spürt, dass ihm ein Teil seines Wesens fremd geworden ist. Ein Geschäftsmann zum Beispiel, der auch Vater und Ehemann war, hatte das Gefühl, er hätte den Kontakt zu seiner poetischen Seite aus College-Zeiten verloren. Es kam ihm vor, als ob er jenes Ich, das anspruchsvolle Romane gelesen und Kurzgeschichten geschrieben hatte, verraten und für immer verloren hätte. Er schrieb einen Dialog, der den vernachlässigten Teil seiner Persönlichkeit aufwecken sollte:

Ich *Anderes Ich, bist du noch da?*

Anderes Ich *Aber sicher. Als du nach Monterrey gefahren bist, hast du an Steinbecks Romane gedacht und dir gewünscht, du wärest Schriftsteller geworden. Das war ich.*

Ich *Aber jetzt ist es doch zu spät für mich, literarischen Ehrgeiz zu entwickeln.*

Anderes Ich *Es ist nie zu spät.*

Ich *Ich hab aber keine Zeit.*

Anderes Ich *Das sagst du aber nie, wenn es darum geht, einen neuen Vertrag für ein Gebäude abzuschließen.*

Ich *Dafür kriege ich ja auch Geld.*

Anderes Ich *Geld hast du doch schon genug. Aber mich hast du nicht, dabei willst du mich haben.*

Ich *Um es richtig zu machen, müsste ich meine Familie verlassen und alles aufgeben.*

Anderes Ich *Wieso? Das verlange ich doch gar nicht. Du bist wirklich so simpel – bei dir gibt es nur schwarz oder weiß. Das ist schon immer das Problem gewesen. Gib mir doch einfach bloß ein bisschen Zeit. Ich will nicht die ganze. Aber ich werde dein Leben bereichern.*

Ich *Ich hatte Angst, dass du böse auf mich bist, weil ich dich so lange ignoriert habe.*

Anderes Ich *Ja, war ich auch ein bisschen, aber ich kann's auch verstehen. Du hattest Angst, dass ich dein ganzes Leben übernehmen würde, deshalb bist du mir lieber ganz aus dem Weg gegangen.*

Ich *Das stimmt. Aber ich finde es richtig gut, dass du wieder bei mir bist.*

Gerade Dialoge sind gut geeignet, sich der verschiedenen Seiten seines Ichs bewusst zu werden und die zu erkennen, die wichtig sind.

Viele Tagebuchautoren nutzen den fiktiven Dialog, um imaginäre Gespräche mit Menschen zu führen, mit denen Sie Verständigungsprobleme haben. Manchmal sind solche fiktiven Dialoge wie eine Rollenprobe für ein echtes Gespräch, manchmal nicht. Vielleicht stellen Sie fest, dass sich, einige Woche nach Ihrem Tagebuchdialog, die Beziehung zu der betreffenden Person ändert. Denn beim Erfinden fiktiver Dialoge erkennen Sie, wie viel Konfliktpotenzial oder Harmoniestreben in Ihnen selbst liegt, und schon das kann unbewusst eine belastete Beziehung verändern.

Hier ein Tagebuchdialog, den eine Frau mit ihrem Ehemann führt, um sich klar zu machen, was sie selbst an den Eheproblemen ändern könnte:

Ich *Wir streiten einfach zu oft. Ich laufe wütend durch die Gegend. Du bist gekränkt und brodelst so vor dich hin. Und dann platzt du. Und ich duck mich. Jetzt bin* ich *gekränkt und zieh mich zurück. Du läufst mir nach, entschuldigst dich. Und wir versuchen es aufs Neue. Weißt du, ich habe diesen Kreislauf so satt. Ich mag nicht mehr.*

John *Dann sag doch nicht ständig Dinge, die mich kränken.*

Ich *Und wie kann ich das vermeiden?*

John *Indem du mir das Gefühl gibst, dass du auf meiner Seite bist.*

Ich *Ich bin ja auf deiner Seite. Aber wie soll ich dir das klar machen, wenn ich merke, dass du kurz davor stehst, einen Fehler zu begehen?*

John *Klar, man kann nicht immer erst lange nachdenken, bevor man was sagt. Aber manchmal muss man sie sich eben nehmen.*

Ich *Du willst also, dass ich mit dir rede, solange Zeit dafür ist, damit du dich die anderen Male nicht auf die Zehen getreten fühlst? Meinetwegen. Aber egal wie nett ich irgendwas ausdrücke – das kann nicht darüber hinwegtäuschen, dass du alles auf die lange Bank schiebst und dich nie entscheiden kannst. Das nervt.*

John *Wenn du ein bisschen Rücksicht auf meine Gefühle nehmen würdest, dann müssten wir nicht diesen ewigen Kreislauf aus Streit und Verletzung durchmachen.*

Ich *Aber dann müsste ich akzeptieren, dass ich dich nicht ändern kann.*

John *Und? Kannst du mich so nehmen, wie ich bin?*

Ich *Es fällt mir nicht leicht. Es wird mir auch nicht leicht fallen, erst darüber nachzudenken, was du wie aufnehmen könntest, bevor ich den Mund aufmache. Jetzt weiß ich, was es bedeutet, wenn man sagt, Beziehungen sind Arbeit.*

Er lächelt und nimmt mich in den Arm.

John *Das ist es wert.*

Tagebuchdialoge sind auch eine gute Vorbereitung auf berufliche Gespräche: Sie können Ihr Einstellungsgespräch vorher üben, Argumente für eine Gehaltserhöhung finden oder in einem fiktiven Verkaufsgespräch die Vorteile eines Produkts hervorheben.

Richard schrieb etliche Dialoge zwischen »Dick«, seiner Persönlichkeit als Geschäftsmann, und »Ricardo«, dem Aussteiger, der seinen Job als Ingenieur an den Nagel gehängt und mit jeder Art von Selbstfindungstherapie und Abenteuerreise experimentiert hatte. Die Gespräche begannen damit, dass »Dick« als Immobilienmakler arbeitete, um »Ricardos« Ausgaben für Kurse, Therapien und neuartige Entdeckungstrips zu finanzieren. Zunächst waren Dick und Ricardo Gegner. Beide fürchteten, dass der andere, Tagebuchautor Richard auf seine Seite ziehen würde. Doch im Laufe der Gespräche wurden sich beide bewusst, dass Geschäftsmann und Abenteurer voneinander profitierten: »Ricardo« brauchte »Dicks» finanzielle Unterstützung, und »Dick« brauchte »Ricardos« Reisen und Experimentierfreudigkeit, um sein Leben interessant zu machen. Als Richard begriff, dass man durchaus verschiedene Eigenschaften seiner Persönlichkeiten ausleben kann und darf, wurden die Dialoge zwischen den beiden Ichs seltener, bis Richard schließlich ganz damit aufhörte.

Richard war natürlich nicht schizophren. Er war ein ganz normaler Mensch, dessen Persönlichkeit verschiedene widerstreitende Eigenschaften aufwies. Die innere Synthese, zu der er gelangte, wäre nicht möglich gewesen, wenn er nicht die beiden konträren Seiten seiner Persönlichkeit sprechen und einander zuhören lassen hätte. Er teilte sein Ich für den Dialog, um es danach als Ganzes wieder harmonisch zusammenfügen zu können. Im wahren Leben scheinen dagegen manche Dialoge nie über den Status des Streitgesprächs hinauskommen zu können: Mann und Frau, die in Scheidung leben, ein pubertierender Jugendlicher und sein konservativer Elternteil, ein streng religiöser Mensch und seine lebenslustige Seite könnten sich endlos streiten, ohne je zu einer Lösung zu kommen. Aber wenn sich der Streit zu lange hinzieht, sollte der Autor untersuchen, ob der Dialog nicht konstruktiver gestaltet werden kann. Erhalten beide Parteien genug Raum, sich zu erklären? Oder darf immer nur einer seine Meinung vertreten, während der andere in die Defensive gedrängt wird? Vielleicht wäre es besser, den Problemen mit anderen Tagebuchtechniken auf den Grund zu gehen.

Ira Progoff arbeitete in seinen Workshops häufig mit der Dialogtechnik. Er schlug als Dialogpartner Menschen vor, die einmal eine wichtige Rolle für den Tagebuchautor gespielt haben, die inzwischen jedoch verstorben sind oder zu denen der Kontakt verloren ging. Ein Workshop-Teilnehmer schrieb seine Familiengeschichte, indem er solche fiktiven Gespräche mit Großeltern, seinen Urgroßeltern und seinen Ururgroßeltern führte.

»J.«, ein anderer Mann, begann einen Dialog mit seinem Vater »P.«, der gestorben war, als er sieben Jahre alt war, um eine »Beziehung« aufzubauen:

J. Hi, Dad.
P. Hallo, Jim. Schön, dich zu spüren.
J. Wie ist es denn da, wo du bist?
P. Ich bin in dir. Nirgendwo anders. Also – worum geht's?

J. Tja, du bist die einzige verstorbene Person, die mir etwas bedeutet, daher wollte ich dich fragen, wie es danach ist.

P. Das ist keine Information, die du brauchst.

J. Ich meine, bist du nun weise, weißt du nun Bescheid? Ich fühle mich hier unten manchmal, als würde ich schlafen.

P. Vergiss diese Oben/Unten-Sache. Du lebst auf einem Planeten, nicht in einem Fahrstuhl. Was meine Weisheit angeht, ich bin mir nicht sicher. Der Tod lehrt einen nicht mehr, als man ohnehin schon weiß. Das Leben hat seine Phasen, und irgendwann ist es zu Ende.

J. Gibt es etwas, an das man glauben kann?

P. Der Tod und die Steuern.

J. Ich hatte das ernst gemeint.

P. Der Tod und Steuern sind auch ernst gemeint. Du zahlst deine Steuern, schreibst Musik, liebst deine Kinder, kassierst Rückschläge, so wie jeder andere auch. Darüber hinaus machst du dich bloß verrückt mit deiner Suche nach Antworten. Es würde dir besser gehen, wenn du dich nach passenderen Fragen umsehen würdest. Vergiss diese Antworten. Lebe, erfahre und mach dir Notizen.

In diesem Dialog wird die etwas eigenwillige Persönlichkeit des Vaters deutlich. Der Schriftsteller erhielt durch das fiktive Gespräch mit seinem toten Vater einen realistischen Rat, den ihm der Vater vermutlich genauso erteilt hätte.

Progoffs »Dialogue with Works« empfiehlt Dialoge mit Projekten oder Zielen, beispielsweise aus vergangenen Jahren, noch laufenden oder künftigen Projekten oder auch mit einem Gemälde, einem Buch, Gedicht, Musikstück oder anderem. Ideen und Gedanken zu geplanten Projekten im Tagebuch niederzuschreiben, hilft sie zu klären. Die Dialogtechnik ist auch dann nützlich, wenn Sie sich blockiert fühlen und nicht weiterkommen, weil Fragen und Antworten bereits in eine Richtung deuten, in der eine Lösung zu finden ist.

Außerdem empfiehlt Progoff in »Dialogue with the Body« das Gespräch mit dem eigenen Körper, wie es hier eine Tagebuchautorin nach einer Abtreibung versucht, weil sie das Bedürfnis hatte, mit ihrem Körper darüber zu »reden«:

Ich *Und, Körper? Wie fühlst du dich?*

Körper *Schwach, zittrig. Ich habe etwas Schmerzen. Ich fühle mich verwundet und verletzlich. Ich traue meiner Umgebung noch nicht so recht.*

Ich *Glaubst du, dass es wieder wird?*

Körper *Ja, ganz sicher. Aber ich weiß nicht, wie bald ich wieder Lust auf Sex habe.*

Ich *Vielleicht hört sich alles auch gar nicht mehr so schrecklich an, wenn es dir besser geht.*

Körper *Kann sein. Aber ich will so was nicht noch mal durchmachen. Ich bin stark, ich würde das sicher schaffen – aber ich will nicht, dass es noch mal geschieht.*

Ich *Machst du Witze? So ein Fehler passiert mir garantiert nicht noch mal. Es ist die Sache nicht wert. Trotzdem war ich überrascht, wie stark du bist, als es passierte. Es hat ziemlich weh getan – und du bist nicht mal zusammengezuckt. Du bist ruhig geblieben und hast es einfach über dich ergehen lassen. Gut zu wissen, dass du so stark bist.*

Der Dialog half der Autorin zu begreifen, wie wichtig es war, auf ihren Körper zu hören. Für sie war das keinesfalls selbstverständlich, da sie das Gefühl hatte, sich ihrem Körper entfremdet zu haben.

Sie können mit jedem Teil Ihres Körpers kommunizieren, wenn Sie meinen, dass er Ihnen etwas zu sagen hat. Der schmerzende Nacken, die Hände, die Ringe unter den Augen – alle könnten eine Botschaft für Sie haben. Körper und Geist bemühen sich dabei um gegenseitiges Verständnis, Humor und der Wille, durch konstruktive Kritik etwas zu verändern, können zur Interaktionen zwischen Ihrem Geist und Ihrem Körper führen.

Wie zuvor schon einmal erwähnt, ist es eine Tagebuchtradition, die auf alte Quäker-Tagebücher zurückgeht, Gespräche mit dem eigenen *Inneren* zu führen. Dialoge mit der inneren Weisheit sind eine Form aktiver Meditation. Durch Imagination oder Gedankenversenkung machen Sie sich ein Bild von einer Person, mit der Sie reden möchten. Ich halte mich nicht für besonders religiös, aber meine »Guru-Frau« weist mir seit vielen Jahren den Weg.

Ich *Hilf mir, Guru-Frau. Ich brauche Rat.*

Guru-Frau *Fühle, stehe deinen Kummer durch, aber bleib ruhig mit meiner Ruhe. Du kannst das Leben feiern, selbst wenn du traurig bist.*

Ich *Ja, es kommt mir vor, als wäre ich schon so oft so voller Kummer gewesen. Ich mache immer wieder dieselben Fehler.*

Guru-Frau *Du bist ein Sturkopf. Du hast Angst vor echter Veränderung. Aber du hast auch schon gelernt. Die Zyklen, wie du sie empfindest, sind in Wirklichkeit Spiralen. Du wirst denselben Fehler so oft machen, bis du das Muster klar und von dir unabhängig erkennen kannst. Dann wirst du in der Lage sein, dich zu entscheiden, ob du immer wieder in dasselbe alte Schema verfallen willst oder nicht.*

Ich *Ich will mich aber jetzt davon freimachen.*

Guru-Frau *Es ist eine Entwicklung, und du steckst mittendrin …*

Die Idee des »Dialogue with Events«, des »Dialogs mit Ereignissen« ist vielleicht Progoffs wichtigster Beitrag zur Tagebucharbeit. Er stellt fest, dass wir auf die Ereignisse in unserem Leben entweder mit Schmerz oder mit Freude reagieren, dass jedes Ereignis aber eine weitere Bedeutung hat, die über diese unmittelbare Reaktion hinausgeht. Um herauszufinden, worin diese tiefere Bedeutung liegt, können Sie mit dem Ereignis in Kontakt treten – der plötzlichen Krankheit, einem Autounfall, einem überraschenden Jobwechsel, einer Scheidung oder Eheschließung, einer Naturkatastrophe oder dem politischen Ereignis, das Ihr Leben in irgendeiner Form beeinträchtigt hat.

Im folgenden Dialog bemüht sich ein Mann, der seine Arbeitsstelle verloren hat, um eine Klärung:

Ich *Ereignis, ich will wissen, welche Bedeutung du in meinem Leben hast. Ich weiß, dass du weh tust. Willst du mir noch etwas beibringen? Bist du noch für was anderes gut? Willst du mir sonst noch etwas sagen?*

Ereignis *Lektionen über deine schlechte Laune. Die hast du ziemlich gut drauf.*

Ich *Okay, aber hast du noch irgendeinen anderen Sinn als Existenzangst und Schande?*

Ereignis *Natürlich. Ich bin Teil deiner Entwicklung. Du versuchst, mich in ein Trauma zu verwandeln, dabei bin ich lediglich etwas, das dir passiert ist.*

Ich *Aber nichts besonders Angenehmes.*

Ereignis *Ich gehöre trotzdem zu dir.*

Ich *Aber du machst mir Angst.*

Ereignis Du *machst dir Angst. Ich gebe dir die Chance, dich selbst besser kennen zu lernen.*

Ich *Du hast mich gedemütigt. Ein Mann ohne Arbeit ist kein Mann.*

Ereignis *Ich kennzeichne den Beginn einer neuen Sichtweise. Ich bin der Anfang eines neuen Verständnisses.*

Beim Dialog mit einem verstörenden Ereignis bekommt der Autor die Chance, neben dem vordergründigen auch einen verborgenen Sinn und Hintergrund zu erkennen und zu verstehen.

Progoffs Vorschläge zur Anwendung der Dialogtechnik als tiefere Erkenntnis lassen sich sogar auf abstrakte Gedanken, mit denen Sie als Gesprächspartner diskutieren, ausdehnen, aber ebenso auch auf: Ihren Hund, auf Geld, ein Traumbild, die Verführerin, das jammernde Kind oder Ihr Ich in jüngeren oder älteren Jahren. In einem spontan geführten Tagebuch findet der Autor bald heraus, was ihm die Dialogtechnik bieten kann.

Mit imaginären Tagebuchgesprächen üben Autoren sich gleichzeitig im Dialogschreiben. In Gestalt-Dialogen setzt sich das Ich mit einem imaginären Kontrahenten auseinander und lernt Toleranz. Oft wollen Menschen gleichzeitig verheiratet und Single sein, in New York und Los Angeles leben, die Schule endlich verlassen und einen Abschluss machen. Der innere Dialog trägt zum zur Festigung der Persönlichkeit bei, Widersprüche werden akzeptiert, eine innere Synthese und Kompromisse sind nicht länger unmöglich.

Alle Tagebuchtechniken dienen dazu, Sie mit Ihrem »inneren Bewusststein« in Kontakt zu bringen. Wichtig ist, dass Sie bereit sind zu akzeptieren, was eine Technik in Ihnen bewirkt. Sie können Ihre Psyche nicht herumkommandieren: Ihren schmerzenden Rücken in einem Tagebuchbrief aufzufordern, Ihren Alltag nicht mehr zu behindern, wird vermutlich keinen Erfolg bringen. Aber wenn Sie sich auf einen Dialog mit Ihrem Rücken einlassen, könnte er Ihnen verraten, warum er Ihnen Probleme bereitet. Wenn Sie ein persönliches Problem nicht mit der einen Technik lösen können, gelingt es Ihnen vielleicht mit einer anderen. Vergessen Sie nicht, dass manches Zeit und Geduld braucht, vielleicht dauert es eine Weile, bis Sie bereit sind zu hören, was Ihr Rücken Ihnen zu sagen hat.

Selbst wenn Sie noch nicht alle der bisher vorgestellten Tagebuchtechniken beherrschen, können Sie versuchen, Ihre Probleme durch das Tagebuch zu lösen, indem Sie Ihre Gefühle analysieren und niederschreiben, Skizzen entwerfen oder Listen anlegen. Jeder wird seine Tagebuchtechnik finden und so einsetzen, wie es seinen persönlichen Bedürfnissen am besten entspricht. Ihre Intuition wird Ihnen sagen, ob Sie es mit einem Dialog probieren, lieber frei assoziieren oder eins nach dem anderen versuchen wollen. Begegnen Sie den Herausforderungen des Lebens wie Anaïs Nin in *A woman speaks* mit Neugier und Abenteuerlust:

> *Wir haben das ganze Mysterium des Wachstums, der Entwicklung, der Befreiung aus den Fallen, die uns das Leben stellt, denn das Leben liebt das Drama, uns einzufangen und zuzusehen, ob wir uns wieder befreien können. Es ist ein Spiel, ein zauberhaftes Spiel. Für jede schwierige Situation, in die man gerät, gibt es einen Ausweg, und wenn es nur durch den Traum ist.*

Was Ihnen Ihr Tagebuch geben kann, hängt davon ab, ob Sie Ihrer Intuition und Entwicklungsfähigkeit vertrauen. Die Bereitschaft, Tagebuch zu schreiben und mit sich selbst in einen Dialog einzutreten, kann seelische und geistige Erneuerung bringen. Welche Technik Sie dabei anwenden und in welchem Stil Sie schreiben, spielt dabei keine Rolle.

6. Traumarbeit

Tagebücher sind Brücken zwischen Träumen und dem Leben im Wachzustand. Sie sind ein Raum, den Sie selbst gestalten, in dem sich Unterbewusstsein und Bewusstsein begegnen und miteinander austauschen. Im Tagebuch kann das träumende Ich seine Botschaft an das wache Ich weitergeben, können Sie wach durch Ihre Träume wandern und Bilder, Erkenntnisse und kreative Ideen mitbringen, die Ihr Leben bereichern werden.

Fast alle Psychotherapie-Schulen betonen, wie wichtig es ist, Träume zu verstehen und mit ihnen umzugehen. Träume können in die Zukunft weisen, indem sie Ihnen noch unbekannte Wesenszüge Ihres Ichs offenbaren oder eine Figur zeigen, zu der Sie sich entwickeln könnten. Träume verraten, was Ihnen in Ihrem gegenwärtigen Leben fehlt – Liebe, Sex, Freundschaft, Abenteuer, Reisen oder kreative Freiheit. Sie können Ventil sein für Ängste, Schmerz oder starke Emotionen, die Ihren Alltag belasten.

Träume können Sie an Verabredungen oder wichtige Anrufe erinnern. Träume können Lösungen für persönliche, berufliche oder wissenschaftliche Konflikte bieten. Schon immer haben Künstler Träume zur Inspiration für ihr kreatives Schaffen eingesetzt: Gemälde, Geschichten, Gedichte, Filme und musikalische Kompositionen sind aus Traumbildern entstanden. Träume können das Gewöhnliche mit einer Aura des Geheimnisvollen oder Rituellen versehen und Ihr Leben durch einen Hauch Mythologie bereichern. Wichtiger aber ist, dass Träume Ihre verborgenen Gefühle und Absichten verraten können; wenn Sie sie deuten, erkennen Sie, wer Sie wirklich sind.

Für einige Kulturen sind Träume Wegweiser für den Alltag, eine zusätzliche Dimension, die Teil der Wirklichkeit ist, sie gleichzeitig aber auch erklären kann. Die malaysischen Senoi-Indianer zum Beispiel integrieren ihre Träume in ihr normales, waches Leben. Jeden Morgen erzählen sich die Kinder ihre Träume der vorangegangen Nacht. Die Erwachsenen gratulieren ihnen zu ihrem heroischen oder kreativen Verhalten im Traum. Sie machen Vorschläge zur Verbesserung in zukünftigen Träumen und geben Empfehlungen für gesellschaftliches Verhalten oder für die Darstellung in Liedern, Tänzen, Erfindungen, Kostümen oder anderen Projekten auf der Basis der Traumereignisse. Die Psychologin Patricia Garfield ist der Meinung, dass die ungewöhnlich kooperative und kreative Gemeinschaft der Senoi, in der es weder Krieg noch Psychosen oder Neurosen zu geben scheint, ihre emotionale Reife der Integration von Träumen in den Alltag verdankt. In unserer Gesellschaft wird eine solche Interaktion zwischen Traum und Tagesgeschehen nicht gefördert, so dass es jedem selbst überlassen bleibt, sich damit zu beschäftigen. Im Tagebuch können Sie Ihren Traum, wie die Senoi, in Kreativität verwandeln und ihn für sich nutzen.

Durch Traumarbeit im Tagebuch können Sie Bilder aus dem Unterbewussten isolieren und verstehen lernen. Erwarten Sie jedoch nicht, diese Bilder genau interpretieren zu können. Bei Träumen gibt es keine »korrekte« Interpretation. Aber die Beschäftigung mit Ihren Träumen kann Ihnen einen Weg zu den kreativen, heilenden und erneuernden Aspekte Ihres Ichs weisen, den Sie sonst nicht erkannt hätten.

Träume und Alltag

Im Tagebuch gehören Träume, Erinnerungen und Ereignisse mit zur persönlichen Entwicklung. Träume erscheinen uns oft weder besonders nützlich noch besonders interessant. Erst wenn man sie mit dem Alltag in Verbindung bringt, gewinnen sie an Bedeutung. Im chronologisch geführten Tagebuch ist eine solche Verbindung leicht zu entdecken.

Schreiben Sie Ihre Träume in eine extra Rubrik in Ihr Tagebuch oder vielleicht sogar in ein eigenes Traumbuch, dann fallen Ihnen Traumbilder und -inhalte und ihre möglichen inneren Verbindungen eher auf. Ein separates Buch zeigt Ihnen allerdings nicht, womit Sie in der Zeit, in der Sie bestimmte Träume hatten, beschäftigt waren, was Sie fühlten oder dachten. Ihre Träume und Ihr tägliches Leben werden in zwei verschiedenen Stauseen gesammelt, statt in einem breiten See zusammenzufließen – Zusammenhänge zwischen Lebensalltag und Traumerleben sind dann schwer zu finden.

Sie können aber Ihre Träume im Tagebuch leicht wiederfinden, indem Sie sie durch eine farbige Überschrift kennzeichnen, sie in einen Rahmen setzen oder den Eintrag mit andersfarbiger Tinte schreiben. Dann können Sie gleichzeitig nachlesen, was Sie in dieser Zeit innerlich beschäftigt hat. Mit zeitlichem Abstand erkennen Sie deutlicher die Verbindungen und Muster von Wirklichkeit zu Traum, und Sie sehen, ob Sie der »Empfehlung« Ihres Traums gefolgt sind.

Erinnern Sie sich

Traumarbeit beginnt mit dem Erinnern. Das ist der erste Schritt. Jeder Mensch träumt, und jeder Mensch kann sich an seine Träume erinnern. Sie können Träume sogar herbeirufen, sie beeinflussen und entscheiden, wie oft und was Sie träumen wollen. Sie müssen sich nur dazu auffordern. Wenden Sie sich vor dem Einschlafen an Ihr Unterbewusstsein und sagen Sie: »Ich will mich an meinen Traum erinnern«, oder: »Ich wünsche mir einen Traum.« Wahrscheinlich wird es Ihnen schon nach der vierten Nacht gelingen, einen Traum herbeizurufen. Ich wiederhole meinen Satz immer dreimal, damit mein Traum-Ich mich auch wirklich hört. Wenn Sie sich erst einmal regelmäßig erinnern können, ist es auch möglich, die Träume vor dem Schlafengehen genauer zu bestimmen: »Bitte schicke mir einen Flugtraum«, oder: »Bitte hilf mir bei diesem Problem.«

Schreiben Sie Ihre Träume sofort auf, ohne nachzudenken und ohne zu interpretieren. Halten Sie Ihr Tagebuch auf dem Nachttisch bereit, damit Sie, vielleicht sogar mitten in der Nacht oder noch vor dem Aufstehen, mit dem Schreiben beginnen können.

Ist Ihr Tagebuch großformatig oder unhandlich, oder Sie schreiben mit dem Computer, sollten Sie Stift und Block neben dem Bett liegen haben und das Geschriebene übertragen, sobald Sie Zeit finden. Kassettenrekorder oder Diktiergerät sind aus verständlichen Gründen nur etwas für Singles. Denken Sie daran: Erinnerungen an Träume sind flüchtig. Es ist sinnlos, sich vorzunehmen, einen Traum später aufzuschreiben. Wenn Sie sich nicht gleich nach dem Aufwachen wenigstens ein paar Notizen machen, werden Sie im Laufe des Tages vermutlich den größten Teil Ihres Traums vergessen haben.

Schon dass Sie Ihre Träume beachten, scheint die Traumaktivität zu stimulieren. Wie jeder andere Teil Ihrer Persönlichkeit kann auch das träumende Ich ausgesprochen kooperativ sein, wenn Sie es respektvoll behandeln. Auch scheint das träumende Ich umso kooperationsbereiter, je aufmerksamer Sie ihm begegnen. Durch Filme, Bücher und andere Aktivitäten erhält Ihre Fantasie Nahrung für Ihre Träume.

Manche Autoren schreiben im Tagebuch an Ihr träumendes Ich Briefe, um es zur Kooperation zu bewegen. Eine Autorin schreibt: »Einen guten Traum, bitte. Einen, der gute Laune macht.« Oder: »Ich ertrinke in dieser Traumflut. Nur *einen* Traum, bitte, und bitte einen, der verständlich ist.«

Wenn der Traum sie enttäuscht, schreibt sie weitere Briefe: »Das war nicht besonders gut. Zu viele wirre Bilder. Ich möchte einen klaren, freundlichen Traum.«

Für die Autorin des folgenden Auszugs ist das Tagebuch ein Ort, um Träume heraufzubeschwören:

Das Tagebuch mit meinen Träumen darin ist ein geheimer Teil von mir. Und dadurch macht mein Tagebuch mich zu etwas Ganzem – zu mir selbst. Es ist das sich ständig verändernde Abbild des Menschen, zu dem ich geworden bin. Nur zusammen – mit Traum und Tagebuch – ist es mir möglich, ein Produkt hervorzubringen: Mein Leben. Und die Kombination Tagebuch mit Traum erfasst keinesfalls alles, was ich bin; es zeichnet mein Werden auf. Dann lebe ich das aus, an einem Tag nach dem anderen, wodurch ich stets genau weiß, wo und was ich bin.

Obwohl Sie beeinflussen können, wie oft Sie träumen, sollten Sie nicht zu oft in Ihr natürliches Träumen eingreifen, – wenn es nicht einen besonderen Grund dafür gibt. Ein Grund, den natürlichen Kreislauf von Traum und Traumlosigkeit zu beeinflussen, wäre, wenn Sie in einer Wüste der Traumlosigkeit verdursten oder in einer Flut von Träumen ertrinken. Dann sollten Sie nicht zögern, Träume in Ihrem Tagebuch heraufzubeschwören oder die Flut einzudämmen.

Bedeutung erkennen

Natürlich ist nicht jeder Traum es wert, aufgeschrieben und analysiert zu werden. Sie sind schließlich kein Traumforscher. Aber Träume, die Sie besonders berührt haben oder die Sie zu etwas Besonderem machen, sollten Sie unbedingt festhalten. Darüber hinaus gibt es Träume, von denen Wissenschaftler glauben, sie seien für die Entwicklung der Persönlichkeit und für das innere Gleichgewicht besonders förderlich.

Die folgende Aufzählung von besonderen Träumen stammt hauptsächlich aus dem Buch *Dreams and the Growth of Personality* von Ernest Rossi, einem zeitgenössischen, amerikanischen Traumforscher. Ein Traum, der in eine dieser Kategorien fällt, ist es wert, im Tagebuch näher untersucht zu werden.

1. Ein Traum, der ein seltsames, einzigartiges, ungewöhnliches oder besonders eindringliches Bild enthält, das starke Abneigung oder ein negatives Gefühl erzeugt – wie ein zehn Meter großer grüner Riese im Hauptbahnhof. Solche einzigartigen Bilder sind der »sich ausweitende Saum« der Persönlichkeit.

2. Ein Traum, der Wörter, Nachrichten, Gedichte, Lieder, Tipps, ein Selbstgespräch, Dialoge oder andere Formen von mündlichen oder schriftlichen Aussagen enthält. Traumsprache enthält Aussagen, die in die Selbstbetrachtung einfließen sollte. Traumwörter sollten grundsätzlich ins Tagebuch. Alles, was im Traum zu Ihnen gesagt

wird, ist von Bedeutung. Meist erfährt der Träumende dadurch etwas über seine Bemühungen, mit einem inneren Veränderungsprozess zurechtzukommen.

3. Ein Traum, der verschiedene Formen der Existenz enthält: Wenn Sie im Traum Sie selbst sind, sich gleichzeitig aber auch von außen beobachten, oder wenn Sie in der Gegenwart leben, gleichzeitig aber auch in einer anderen Zeit, wenn Sie Sie selbst sind *und* sich in anderen spüren, oder wenn Sie in einem Traum ein gespaltenes Ich besitzen, dann ist eine psychologische Veränderung im Gang. Ihr Horizont erweitert sich.

4. Ein Traum, der Selbstbetrachtung enthält: Sie untersuchen Ihre Gedanken, Gefühle oder Ihr Verhalten, während Sie träumen. Kommentare zum Traum, noch während Sie träumen, verweisen auf ein Wachstum der Persönlichkeit.

5. Ein Traum, der Bilder von spontanen Veränderungen enthält. Wenn Sie sich im Traum plötzlich verwandeln oder ein Gegenstand zu etwas anderem wird, könnte das auf einen Veränderungsprozess in Ihrem Inneren hinweisen.

6. Ein Traum, der transzendente Symbolik enthält. Zirkel, Tänze, Fliegen, Schweben, Geburt, fliegende Untertassen, mystische oder religiöse Metaphern in Träumen deuten möglicherweise einen Zugang zu eine höheren Bewusstseinsebene an.

7. Ein Traum, der positive Figuren enthält. Ein Guru, ein freundlicher Lehrer, ein hübsches Kind im Traum kann auf ein neues, positives Ich hinweisen, das aus Ihrer Persönlichkeit hervortritt.

8. Ein Traum, in dem Sie als Teil des Traum bewusst agieren. Einen Traum aktiv zu lenken oder im Traum zu träumen, weist auf ein hoch entwickeltes Traumleben hin. Sie sind in der Lage, Träume für gezielte Veränderungen Ihrer Psyche zu verwenden.

Besondere Träume wie diese und fast alle Alpträume sind eine Gelegenheit, im Tagebuch fruchtbare Traumarbeit zu leisten. Theoretisch kann jeder Traum oder jedes Traumfragment Material für eine Analyse sein, aber Sie werden wahrscheinlich eine Menge Träume in Ihrem Tagebuch aufzeichnen, ohne mit jedem einzelnen zu arbeiten. Das ist auch nicht nötig: Träume erhalten unter anderem Bedeutung durch Wiederholung, oder ein Traum gehört zu einer Serie, in der er eine Funktion besitzt. Meist wissen Sie selbst, welcher Traum wert ist, analysiert zu werden, entweder weil er Sie so gefangen nimmt, dass er Sie auch während des Tages noch beschäftigt, oder weil der Inhalt Sie neugierig macht. Manche Träume enthalten Botschaften, die nach einer Entschlüsselung *verlangen.* Ein Tagebuchautor beispielsweise beschrieb einen komplizierten Traum, in dem ein verkrüppelter Junge Gebäude mit Kerosin in Brand setzte. Der Traum hatte etwas wie einen Epilog:

> *Viel später (das heißt nach der Handlung des vorangegangenen Traums) rede ich mit einem Bekannten über das, was geschehen ist. Er sagt: »Ich würde deinen Traum gerne irgendwie dramatisieren. Ich habe die Tiefe deines Zorns noch nie so stark erfasst.«*

Der Tagebuchautor verstand den Hinweis im Traum und verwandelte ihn in mehrere Dialoge. Durch diese Gespräche im Tagebuch fand er heraus, dass der junge Pyromane aus seinem Traum tatsächlich seine eigene, stets unterdrückte Wut war.

Traumarbeit mit Tagebuchtechniken

Träume sind wie der Schmierstoff, der das tägliche Leben glatt laufen lässt.

Da Träume keine fremden Botschaften sind, sondern direkt im eigenen Ich entstehen, sind die Methoden, Träume verstehen zu lernen, keine anderen als die, mit denen man andere Teilbereiche des eigenen Daseins untersucht.

Wenn Sie sich mit den Techniken, die in Kapitel vier und fünf beschrieben wurden, beschäftigt haben, wird es Ihnen leicht fallen, sie auch auf die Traumarbeit in Ihrem Tagebuch anzuwenden.

Beschreibung

Beschreiben Sie möglichst viele Details zu Personen, Umgebung, Gesprächen, Ihre Gefühle und die Geschichte Ihres Traums, ohne zu streichen, zu korrigieren oder zu analysieren. Wenn Sie den Traum vom Notizblock neben dem Bett in Ihr Tagebuch übertragen, achten Sie darauf, dass Sie nichts verändern. Vielleicht möchten Sie in Sätzen statt der ursprünglichen Satzfragmente formulieren? Auch ist die Versuchung groß, Ihr Traumerleben im wachen Zustand und aus der Distanz zu interpretieren, aber geben Sie ihr nicht nach. Zu frühes Analysieren kann verhindern, dass Sie die Botschaft des Traums vollständig verstehen.

Selbst wenn Sie nicht die Absicht haben, mit Ihrem Traum zu arbeiten, sollten Sie ihn aufschreiben. Es ist bekannt, dass Autoren gerade Träume besonders dynamisch und unverfälscht wiedergeben. Ein Tagebuch, in dem Träume erzählt werden, enthält viel persönliche Wahrheit, weil es durch die Spontaneität des Erzählens leicht fällt, in der ersten Person und im Präsens zu schreiben, wie in dieser typischen Traumbeschreibung:

Ich bin im Supermarkt. Die Gesichter um mich herum sind tot oder voller hilfloser Wut und Angst. Nervöse Frauen schreien ihre Kinder an. Ehemänner und -frauen suchen die Waren mit beherrschter gegenseitiger Ablehnung aus.
Ich gehe durch die automatische Tür direkt in eine New Yorker U-Bahn-Station. Mir gegenüber sitzen drei junge Amerikanerinnen, die von einer Europareise zurückgekehrt sind. Sie strahlen, sind voller Elan. »Ich habe mich so frei gefühlt«, sagt die eine. »Ich war absolut happy. Jede Sekunde war aufregend.«
Plötzlich bleibt die Bahn stehen. Panik. Alarmsirenen. Die Tunnel sind voller Menschen. Wir müssen raus. Jetzt. Schnell.
Ich laufe durch einen Tunnel und komme in einen Gettobezirk.

Während die Autorin ihren Traum beschreibt, erlebt sie ihn ein zweites Mal. Sie konzentriert sich darauf, Wahrnehmungen und Gedanken ihres Traums authentisch wiederzugeben. Sie will nicht beeindrucken oder eine Schwäche verbergen. In Traumbeschreibungen entsteht ein natürlicher und direkter Prosastil.

Katharsis

In vielen Fällen ist Traumbeschreibung im Tagebuch gleichzeitig ein kathartisches Erlebnis. Während des Schreibens wird oftmals der Schrecken eines Alptraums, die Ekstase eines erotischen Traums, der Kummer eines Verlustes oder die Freude über einen spirituellen Traum verarbeitet.

Tagebuchautoren berichten oft, dass sie sich so lange wie gelähmt, unruhig oder zittrig fühlen, bis sie ihren emotionalen Traum niedergeschrieben haben. Manche erzählen, dass der Traum bei ihnen nagende Furcht ausgelöst hat, von der sie sich erst durch das Schreiben befreien konnten. Manchmal empfindet man bei der Beschreibung seines Traums etwas anderes als während des Träumens. Die Erkenntnis, die der wache Autor durch seinen Traum gewonnen hat, berührt eine neue Bewusstseinsebene.

Die Katharsis oder eine innere Transformation kann sich ganz überraschend während des Schreibens vollziehen. Ein junger Mann, der in seinem Traum eine unglaubliche Freude empfunden hatte, musste, als er ihn aufschrieb, plötzlich weinen.

Ich betrete eine große, geräumige Wohnung, in der eine rustikale Holztreppe hinauf zur Schlafebene führt, deren Räume mit schweren Vorhängen abgetrennt sind. Alle hier machen einen vertrauensvollen Eindruck, als ob es hier nicht wirklich etwas zu klauen gäbe. Immer mehr Leute kommen aus anderen Räumen und gehen ihren Beschäftigungen nach, ohne auf mich zu achten, dabei sind sie nicht unfreundlich oder gleichgültig. Schöne, traurige Gitarrenmusik dringt von oben zu mir herab. Ich schaue auf und sehe in einer Nische im Gebälk einen jungen Schwarzen, der für sich selbst spielt. Dennoch scheint seine Musik ein Geschenk für alle zu sein; es ist seine Art zu sagen, dass er da ist und dass er empfindet.
Alle lassen sich irgendwo nieder, legen sich auf den Boden. Ich geselle mich zögernd zu ihnen, und niemand hat etwas dagegen. Unsere Körper entspannen sich, und ich fühle mich sicher und geborgen, obwohl ich niemanden kenne. Eine junge Frau betritt den Raum [...] *Ich betrachte ihr Gesicht genau; es ist fein, sensibel und klar. Sie sucht einen bequemen Platz und lehnt sich gegen mich. Es ist fast mehr, als ich zu hoffen gewagt habe.* [...] *Ich spüre an meinem Bein, wie sie sich entspannt, und das Gefühl ist so herrlich, so wunderbar, wie man sich nur vorstellen kann. Ich bekomme eine Erektion. Als ob meine Wertschätzung und das Gefühl, sie attraktiv zu finden, Fleisch geworden sind.*
Als es Zeit ist zu gehen und alle aufstehen, sagt sie einfach so in die Runde: »Aber ich denke, es gibt noch vieles, was ich noch erleben möchte.« Und sie blickt mich warm und herzlich an. »Tut mir Leid«, sage ich und meine damit meine Erektion. »Dafür musst du dich nicht entschuldigen», flüstert sie, während sie mir über das Gesicht streicht.
Ich bin so glücklich, dass ich platzen könnte.
Während ich das in den PC eingebe, merke ich, dass ich weine.

Der Autor erlebt in seinem Traum der Harmonie eine innere Verwandlung. Die Atmosphäre des absoluten Friedens und der Gemeinsamkeit erlaubt ihm, die spontane, zärtliche Sexualität, nach der er sich sehnt, zu empfinden. Der kathartische Effekt, den das Aufschreiben hat, baut die Frustration und die strenge Zurückhaltung ab, die ihn bisher daran gehindert hat, eine solche Spontaneität und Harmonie in seinem Leben zuzulassen. Keine Analyse des Traums und Traumarbeit hätte so sinnvoll für ihn sein können wie seine natürliche emotionale Reaktion.

Hätte der Autor sich dazu entschieden, weiter mit dem Traum zu arbeiten, hätte er jeder Traumfigur und jedem Bild eine Stimme verleihen können. Der Farbige in der Dachnische hätte mit den Worten: »Ich bin der Teil von dir, der …«, beginnen können. Derselbe Satz ließe sich auf die junge Frau, die Gitarrenmusik, die Wohnung, die schweren Vorhänge oder das »Ich« aus dem Traum übertragen. Durch ihn ist es möglich zu verstehen, dass alle Teile des Traums aus Ihrem Unbewussten stammen, und er bereitet die Katharsis vor, während die verschiedenen Charaktereigenschaften symbolisch verschlüsselt auftreten.

Reflexion

Nachdem Sie den Traum aufgeschrieben und die Symbolik darin entdeckt haben, begreifen Sie vielleicht die Zusammenhänge zwischen Ihrem Leben und dem, womit Sie sich im Augenblick auseinander setzen. Oft genügt etwas Nachdenken, um Erkenntnisse aus dem Traum zu gewinnen. Ein Beispiel:

> *Bob kommt mit einer Bulldogge an die Tür. Der Hund knurrt und schnappt nach mir, und ich habe Angst. Bob sagt die ganze Zeit, wie niedlich der Hund doch sei, und will meine Bestätigung. Ich sage, ja, der ist niedlich, obwohl ich ihn in Wirklichkeit fürchterlich finde.*

Dieser Beschreibung folgt ein Absatz der Reflexion:

Es kommt mir vor, als ob Bob mir den Hund wie einen Teil von sich oder unserer Beziehung präsentiert, den ich hässlich finde. Er will, dass ich ihn akzeptiere, und obwohl ich die inakzeptablen und sogar gefährlichen Aspekte sehe, belüge ich mich und behaupte, es sei schon alles in Ordnung so.

Diese spontane Erkenntnis kann mit weiteren Tagebuchtechniken ergänzt werden. Häufig erkennt man noch andere Bedeutungen, wenn man sich einen Traum Tage, Wochen oder sogar Monate später erneut ansieht.

Freies, intuitives Schreiben

Freies Assoziieren ist die klassische Methode der Psychoanalyse zur Traumdeutung. Sie können durch intuitives Schreiben frei assoziieren, selbst wenn Sie nichts von Freuds Traumdeutung wissen. Niemand außer Ihnen selbst weiß, was Ihre Träume wirklich bedeuten: Eine Tasse im Traum kann das klassische Symbol für weibliche Sexualität sein, für Sie aber einfach Ernährung bedeuten oder noch etwas ganz anderes. Traumbilder und -symbole sind individuell und persönlich. Nur freies Assoziieren zu einem Traum ist das Gegenteil einer Interpretation. Sie verzichten dabei ganz auf den vernunftbetonten Teil Ihres Bewusstseins. Hier ein Beispiel für die spontane Reaktion einer Frau auf ein Bild aus ihrem Traum:

Traum: *Ich habe geträumt, dass ich Michael als Mumie in einer Schatulle in der Schublade gefunden habe. Er hatte sich für 50 Cent Schlafen gelegt. Das schlechte Gewissen überkam mich. Doch dann sah ich, dass er noch schwach atmete.*
Assoziieren: *Wie fühlt es sich an, eine Mumie zu sein? Wie ein Fötus. Hässlich, ruhend, gelassen, erstarrt, ungeheuer, Frieden, nichts fühlen, konserviert.*
Mumie, warme Mammi, große Brüste, Kinder stillen, früher, kalt, zurück ins Leben du Monster
Bandagen abwickeln
Ich bin das Ungeheuer im Kokon, nimm schnell das Baby weg

Danach denkt die Autorin über das, was sie geschrieben hat, nach:

> *Die Mumie scheint zwei verschiedene, widersprüchliche Bedeutungen zu haben: Zum einen ist da das Ungeheuer, das versteckt wird, zum anderen das Baby im Kokon. Einerseits bedeutet das Bild Erstarrung und Gefühllosigkeit, andererseits Schutz.*

Das freie, intuitive Schreiben zeigte der Autorin ihren gegenwärtigen Gemütszustand, der vom Ende einer schwierigen Beziehung geprägt wurde, wonach sie sich unattraktiv und teilnahmslos fühlte. Aber was sie aufgeschrieben hatte, sagte ihr auch, dass der Heilungsprozess bereits eingesetzt hatte: Sie bereitete sich darauf vor, ein neues Ich zu gebären. Wahrscheinlich wäre es ihr nicht gelungen, die Tiefe der Bedeutung durch rein rationale Analyse zu begreifen, doch indem sie dem Traum erlaubte, für sich selbst und in seiner eigenen Bildersprache zu sprechen, war sie in der Lage, die Botschaft zu empfangen.

Geführte Imagination

In der Traumarbeit kann die geführte Imagination verschiedene Aufgaben übernehmen. Sie können mit dieser Technik beispielsweise einen Traum fortsetzen, der unterbrochen wurde oder der Ihnen unvollständig erscheint. Sie schließen die Augen, entspannen sich, atmen tief und gleichmäßig und stellen sich vor, wie Sie zu Ihrem Traum zurückkehren. Versuchen Sie, die Traumbilder wiederzufinden, die Sie im Schlaf gesehen haben, und beobachten Sie, was weiter geschieht, hören Sie zu, was die Traumfiguren zu sagen haben. Manche Menschen haben auf diese Weise intensive Wahrnehmungen.

Mit dieser Technik können Sie auch Alpträume wiederholen, um sie bewusst auf ein angenehmeres Ende hin zu lenken. Denn die geführte Imagination erlaubt Ihnen, dabei die Kontrolle zu übernehmen und Alpträume in Gelegenheiten zu Heldentaten, positiven Abenteuern und Einfallsreichtum zu verwandeln. Wenn Sie entsetzt aus dem Schlaf hochfahren, weil Sie im Traum von einem dreiköpfigen Monster gehetzt worden sind, sollten Sie nicht warten, bis es Sie erwischt und grausam verstümmelt, bevor es Sie tötet, sondern Ihren Traum als *zweite Chance* betrachten. Bei Ihrer Imaginationsübung eines Wachtraums stellen Sie sich vor, wie Sie gejagt werden, wie Sie plötzlich stehen bleiben, sich umdrehen und auf das Monster zugehen. Sie erledigen es mit links! Oder Sie können – wie es die Senoi ihren Kindern raten – Freunde und Verbündete herbeirufen, um das Ungeheuer zu besiegen und von ihm anschließend ein Geschenk verlangen. Sie können aber auch das Monster in ein freundlicheres Tier verwandeln, das zu Ihrem Gefährten und Beschützer wird.

Ein Mann, der sich seit seiner Kindheit nicht mehr an seine Träume erinnern konnte, hatte damals einen immer wiederkehrenden Alptraum gehabt: Er trieb hilflos im Meer, und jemand in einem Speedboot versuchte, ihn zu überfahren. Durch geführte Imagination stellte der Mann sich vor, wie er untertauchte, sich an der Seite des Bootes festklammerte, sich hochzog, den Fahrer mit einem Fleischerhaken vom Steuer holte und selbst das Steuer übernahm. Das kleine gewalttätige Drama, das er selbst inszeniert hatte, brachte sein Traumleben wieder ins Lot: Er hatte eine Angst besiegt, der er sich dreißig Jahre nicht zu stellen gewagt hatte. Die Zuversicht, die der modifizierte Traum ihm eingeflößt hatte, übertrug sich auch auf andere Lebensbereiche. Außerdem begann er, sich wieder an seine Träume zu erinnern.

Geführte Imagination im Tagebuch kann auch als Traum-Übung dienen, durch die Sie in künftigen Träumen eine aktivere Rolle übernehmen können. Sie können Ihr Traumverhalten im Wachzustand üben und positiv verändern als Vorbereitung für Ihr Verhalten im echten Traum. Durch geführte Imagination können Sie – wie die Senoi – lernen, wie man den Ausgang eines Traums noch während des Träumens beeinflusst.

Natürlich lässt sich das Unterbewusstsein nicht zu etwas manipulieren und beeinflussen, zu dem es nicht bereit ist. Sie können nur etwas erreichen, wenn in Ihnen die Anlagen vorhanden sind. Eine meiner Studentinnen beschrieb den Traum, den sie über ihre Schwester hatte:

Meine Schwester stand an der Tür und fragte, ob ich ihr meinen Mantel leihen würde. Ich machte ihr die Tür vor der Nase zu. Dann tat es mir Leid. Aber als ich wieder aufmachte, war sie schon weg.

Der Traum machte die junge Frau sehr traurig. Obwohl es nur ein Traum gewesen war, hatte sie ein schlechtes Gewissen, weil sie ihre Schwester abgewiesen hatte. Mit geführter Imagination schrieb sie den Traum um:

Meine Schwester stand an der Tür und fragte, ob ich ihr meinen Mantel leihen würde. Ich umarmte sie und bat sie hereinzukommen. Sie setzte sich auf meine Couch, und ich gab ihr eine Tasse Tee. Ich sagte ihr, dass ich ihr meinen Mantel nicht leihen könne, aber ein Geschenk für sie habe. Einen eigenen Mantel. Sie zog ihn an und dankte mir.

Nach diesem Eintrag überlegte die Autorin: »Ich mochte mein Verhalten im ersten Traum nicht, war aber mit dem zweiten auch nicht zufrieden. Es fällt mir schwer, meiner Schwester etwas zu geben. Ich will es eigentlich nicht.« Dieser Autorin brachte die Imaginationsübung nichts. Aber schon dass es in diesem Fall nicht funktionierte, führte bei der jungen Frau zu Einsicht und Selbsterkenntnis.

Gedichte

Träume können gelenkt und verstanden werden, indem man sie in Gedichte verwandelt. Viele Dichter lassen sich durch ihre Träume inspirieren, wenn die symbolische Bedeutung oder die Schönheit der Bilder besonders überwältigend ist. Oft wird die Bedeutung des Traums auch durch Poesie deutlicher. Manchmal entsteht ein Gedicht auch aus Eindrücken und Bildern verschiedener Träume.

Gelegentlich erscheinen mehrere Zeilen oder ein ganzes Gedicht im Traum. Versuchen Sie, geträumte Lyrik gleich niederzuschreiben, noch bevor Sie bewusst den Aufbau des Gedichts beschreiben. Geträumte Formulierungen können leicht verloren gehen. Samuel

Taylor Coleridge erwachte einmal aus einem Traum und hatte ein vollständiges Gedicht – das berühmte »Kubla Khan« – im Kopf. Während er es niederschrieb, wurde er unterbrochen und weggerufen, und als er zurückkehrte, musste er feststellen, dass die klaren Bilder sich aufgelöst hatten. Was blieb, war ein vager Eindruck des restlichen Traumgedichts.

Traumgedichte und Lieder sind Geschenke aus den unerschöpflichen Quellen des intuitiven Ichs. Eine Tagebuchautorin träumte auf ihrer ersten Japanreise ein Haiku. Ihr Tagebucheintrag vom Tag zuvor verriet Unsicherheit und den Wunsch, der fremden Kultur anzugehören, die sie als amerikanische Touristin besuchte:

> 26. März 1975
> *An meinem ersten Abend in Japan waren mir die kulturellen Unterschiede sehr stark bewusst. Ich schaute durch eine Glastür in einen anderen Raum, in dem Japaner und Japanerinnen im Halbdunkel saßen und zu Abend aßen* [...] *Ich schwieg, fühlte mich in diesem Augenblick dem Land zugehörig. Aber dann kam jemand von unserer Reisegruppe und fing an, laut zu reden und dumme Fragen zu stellen, was denn da los sei und so weiter.*
> *Später versuchte ich ohne Erfolg mit Julie, unserer Freundin in Tokio, die uns »ihr« Japan zeigen wollte, Kontakt aufzunehmen, und es machte mich nervös, dass ich sie noch nicht erreicht hatte.*

In der folgenden Nacht träumte sie das Haiku:

> *Manchmal, wenn du kommst*
> *Wecken wir dich auf und*
> *Leihen dir Einsamkeit.*

Das Traumgedicht war ein Geschenk ihres Unbewussten. Es machte ihr deutlich, wie groß ihre Furcht war, nichts von dem »wahren« Japan zu erleben, und half ihr gleichzeitig, durch ihre eigene intuitive Kreativität Zugang zu der Kultur zu finden.

Listen

Auch Listen sind nützlich für die Traumarbeit. Machen Sie sich eine Stichwortliste von Themen aus Ihren letzten Träumen: So erkennen Sie, womit sich Ihr Unterbewusstsein im Augenblick beschäftigt. Das ist einfach, wenn Sie Ihren Träumen im Tagebuch eine Überschrift gegeben haben, die den Inhalt Ihres Traums andeutet. Hier Beispiele, wie ich meine Träume kennzeichne:

Hampelnde Heuler

Ich lehre in einem Kurs, aber meine Schüler sind Heuler, Robbenbabys, und sie rutschen ständig von den Stühlen.

Ich ziehe einen Kasten umrahme den Titel, den ich meinem Traum gegeben habe, so dass er auf der Seite auffällt und schnell zu finden ist, wenn ich eine Liste meiner Traumthemen machen will. Handelt es sich um einen längeren Traum, wähle ich ein oder zwei ungewöhnliche oder seltsame Bilder eines Traums heraus, um ihn zu betiteln.

Fliegen im Dienste der Kunst

Ich hänge mit einem Seil an einem Hubschrauber und fliege, hoch oben über dem Meer, allein durch die Schwungkraft in einem riesigen Bogen immer um das Ding herum. Dies gehört zu einem Kunstprojekt, bei dem ich Lori helfe.
Später schreibt Lori die Schecks aus. Sie zahlt mir einen Dollar fünfundzwanzig für meine Teilnahme. Eigentlich hatte ich gedacht, ich würde mehr kriegen, aber es macht mir nicht wirklich etwas aus, weil das Fliegen viel Spaß gemacht hat.

Natürlich können Sie auch einen andersfarbigen Stift für die Traumstichworte nehmen oder den ganzen Traum einrahmen. Besonders hervorgehobene Traumtitel sind jedoch leichter in einer Liste wie in diesem Beispiel zusammenzufassen:

Leo hat Kätzchen
Traum einer wiedergefundenen Mutter
Hampelnde Heuler
Babykätzchen-Traum
Maus auf dem Zementlaster

Traumlisten zeigen dem Tagebuchautor auf einen Blick die Thematik der Träume und ihre Beziehung zueinander. Meine Liste zum Beispiel enthält als Schwerpunkte Geburt, Mutterschaft und Tierbilder – Themen, die in Zusammenhang stehen, was mir, bevor ich sie aufgelistet hatte, nicht aufgefallen war. Die Entdeckung der »Mutter« in meinem Inneren zeigte, dass ich dabei war, ein neues Konzept meiner Persönlichkeit zu entwickeln, und diese Vorstellung meiner selbst erlaubte mir all die Emotionen, Bedürfnisse und natürlichen Instinkte, die ich sonst mit kleinen Tieren in Verbindung bringe. Wenn Sie alle Traumtitel auf den letzten Seiten Ihres Tagebuchs mit Datum versehen, erhalten Sie einen Index Ihrer Träume.

Maps of Consciousness

Da Träume überwiegend bildhaft sind, lassen Sie sich meist besser durch Bilder als durch Worte darstellen. Bilder wie fliegende Untertassen und tanzende Sterne können zum Spaß und für eine spätere Verwendung skizziert, Alptraumbilder bearbeitet und verändert werden. Ungeheuer werden zu lächerlichen Kreaturen, eine Killerwelle zu einem Schnecken- oder Schnörkelmuster. Maps of Consciousness und geführte Imagination helfen besonders Kindern, die unter Alpträumen leiden. Das Ungeheuer, zum Beispiel, verliert viel von seinem Schrecken, wenn man es durch Zeichnen kleiner als das Kind, weniger beeindruckend, macht. Wer im Traum nicht die Kontrolle über die inneren Dämonen gewinnt, kann es tun, indem er sie malt.

Maps of Consciousness sind zur Erkennung der räumlichen Beziehung der Traumelemente zueinander wichtig. Wenn Sie im Traumgeschehen Elemente Ihrer Persönlichkeit entdecken, dann ist interessant, welche Elemente sich räumlich über oder unter der Figur, mit der Sie sich identifizieren, befinden, und welche Abstände zwischen den Elementen bestehen. Oft reichen Strichmännchen mit Sprechblasen, um die visuellen Beziehungen in einem Traum zu verdeutlichen.

Im Alter von etwa zwanzig Jahren skizzierte ich einen Traum, in dem meine Freunde und ich versuchten, mit einem Floß auf rauer See zu fahren. Wir waren in der Nähe meines Hauses, und man sah die hell erleuchteten Fenster gegen den schwarzen Nachthimmel. Aus einem Fenster lehnte eine schöne Frau und sagte: »Ich gehe jetzt ins Bett. Ich muss früh aufstehen, um das Bild zu malen.«

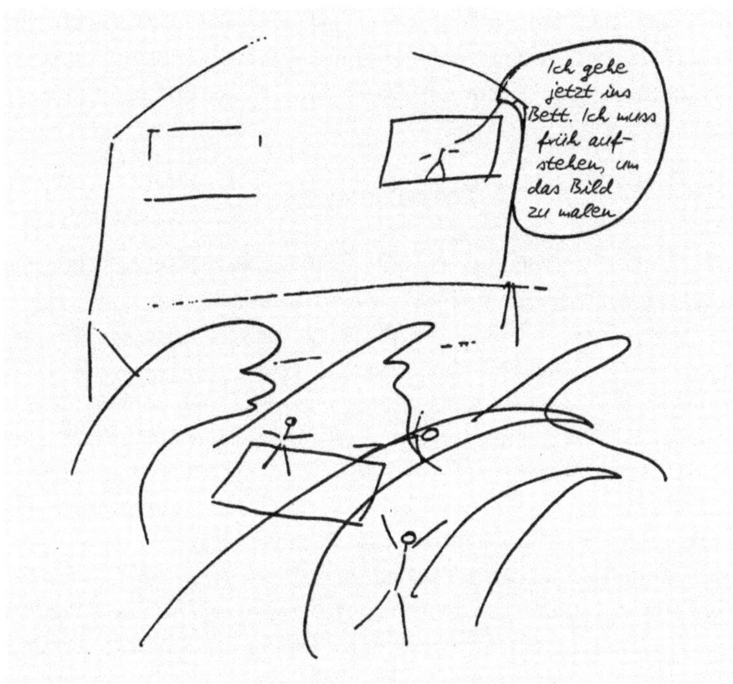

Nachdem ich den Traum gezeichnet hatte, fügte ich den folgenden Abschnitt hinzu:

Das Haus, das ich gemalt habe, sieht irgendwie eher wie ein Gesicht aus, und die Frau befindet sich im rechten »Auge«. Vielleicht passt das zur rechten Gehirnhälfte, der intuitiven, kreativen bildhaften Seite meines Verstandes. Aber im Traum war ich die Person, die auf dem Floß stand; sie war mir viel näher. Ich fühle mich wie diese ängstliche Figur, die, von Emotionen geschüttelt, herumgeworfen wird und beinahe um Atem ringen muss. Die Frau im Fenster weit »über mir«, ist, was ich sein möchte, Erleuchtung, Selbstdisziplin, Kreativität. Aber ich bin sie, wenn ich will, denn ich bin ins Bett gegangen, habe den Traum geträumt, bin aufgewacht und habe ihn gezeichnet.

In diesem Fall enthielt der Traum durch die Zeile: »Ich muss morgen früh aufstehen, um das Bild zu malen«, tatsächlich die verschlüsselte Botschaft, dass ich den Traum zeichnen sollte. Und indem ich es tat, erkannte ich eine Bedeutung, die mir ohne dieses Bild nicht deutlich geworden wäre.

Perspektivenwechsel

Wenn man, wie oft, im Traum emotional engagiert ist, übersieht man leicht die darin verschlüsselt enthaltene Botschaft. Das können Sie verhindern, indem Sie in die dritte Person wechseln. Statt zu schreiben, wie »ich eine Katze zur Welt gebracht habe«, erzählen Sie von »der Frau, die eine Katze geboren hat«. Dadurch können Sie sich von der Ich-Perspektive lösen und erkennen Ihren Traum und seine Botschaft viel klarer.

Sie können Ihren Traum auch als eine der Figuren, die darin vorkommen, beschreiben. In der Gestaltpsychologie, die sich auf die Beziehung verschiedener Persönlichkeitsbestandteile zur Gesamtpersönlichkeit konzentriert, wird die These vertreten, dass alle Figuren und Symbole im Traum Aspekte der Person des Träumenden sind. »Aus einem Traum kann man *alles* verwenden«, sagte Frederick Perls, Gründer der Gestalt-Therapie in *Gestalt-Therapie in Aktion.* »Wenn man im Traum von einem Oger verfolgt wird und dann selbst zum Oger wird, löst sich der Alptraum auf. Man gewinnt die Energie, die in dem Dämon steckt, zurück. So liegt die Kraft des Ogers nicht mehr außerhalb des eigenen Selbst, wo sie fremd ist; sie ist integriert und kann genutzt werden.« Einer Traumechse, einem Mörder oder einer Flutwelle durch einen Perspektivenwechsel oder Dialog eine Stimme zu verleihen, gibt dem negativen Aspekt die Gelegenheit, Ihnen das mitzuteilen, was Sie für Ihr alltägliches Leben wissen müssen.

Träume zeigen Ihnen, dass Sie jede Figur in Ihrem Traum sein können. Männer haben gelegentlich Träume, in denen sie sich als weiblicher Charakter wiederfinden, und Frauen berichten, dass sie im Traum die Welt als Mann erlebt haben. Sowohl Männer wie Frauen können sich sogar in der Gestalt eines Tieres erkennen. Der Wechsel aus der gewohnten Perspektive zu einer anderen kann befreiend sein.

Im Allgemeinen bewegt, reagiert und fühlt man sich im Traum jedoch innerhalb seiner eigenen Perspektive. Hier ein Traum von mir, den ich in der üblichen Perspektive erlebe:

Traum von einer wiedergefundenen Mutter

Ich verlasse London und meine Mutter, die ich gerade erst wiedergefunden habe. Sie steht vor ihrem Häuschen, schlank, jugendlich und sanftmütig. Ich fahre in einem Sportwagen mit einer langen, gummibezogenen Handbremse weg. Auf dem Beifahrersitz sitzt ein junger Japaner oder Araber.

Meine Mutter fragt, wohin ich will. Ich sage, ich weiß nicht, überall hin, einmal um die Welt. Der junge Mann lacht.

Als wir uns von dem Haus entfernen, vermisse ich meine gerade erst gefundene Mutter schon. Während ich den Wagen die Serpentinen hinab manövriere, sagt mein Beifahrer: »Wenn ich gerade erst eine solche Mutter gefunden hätte, würde ich mir Zeit nehmen, bei ihr zu bleiben, um sie kennen zu lernen.« Ich sehe sie in der Ferne in weiblicher Begleitung; sie schaut uns hinterher.

Dass die Mutter mich am Ende des Traums beobachtet, brachte mich auf die Idee, den Traum einmal aus ihrer Sicht zu betrachten. Deshalb schrieb ich ihn um:

Meine Tochter war heute zu Besuch. Nun ist sie wieder fort. Sie ist so begierig darauf, Abenteuer zu erleben, dass sie die Gelegenheit verpasst, mich näher kennen zu lernen. Aber ich bin immer da und warte auf sie. Sie wird wiederkommen.

Ich hätte den Traum anschließend auch aus der Sicht des Beifahrers, der weiblichen Begleitung meiner Mutter oder aus der Perspektive der doch sehr phallisch anmutenden Handbremse erzählen können. Mit Sicherheit hätte ich noch eine Menge mehr über mich herausgefunden. Aber wie die Person im Traum war ich noch nicht wirklich bereit, so vollständig zu mir zurückzukehren. In jenem Moment reichte es mir zu spüren, dass die Mutter wirklich ein Teil von mir war, den ich vernachlässigt hatte, und diese Erkenntnis kam durch den Perspektivenwechsel. Mein Ich im Traum hatte ein schlechtes Gewissen, was mich jedoch nicht daran hinderte, mit diesem Mann loszufahren. Der Teil von mir aber, der meine Mutter war, machte mir Hoffnung, dass ich eines Tages doch eins werden würde mit dem inneren Frieden und der weiblichen Kraft, die sie verkörperte.

Als ich später auf der Suche nach anderen idealisierten Mutterfiguren durch meinen Traumindex ging, entdeckte ich, dass die schöne Frau aus diesem Traum seit Jahren immer wieder auftauchte – in anderer Umgebung und verschiedenen Rollen, immer in sich ruhend und sanft und unaufdringlich nach mir rufend. Die Frau in dem Traumbild von mir und den Leuten auf dem Floß war zum Beispiel eine ihrer Figuren. Wenn ich damals schon die Technik des Perspektivenwechsels gekannt hätte, wäre es mir sicher eher gelungen, mich mit ihr zu identifizieren.

Als ich frühere Traumbilder, in der mir diese Figur begegnet war, untersuchte, erkannte ich, dass sie immer bei mir gewesen war und immer da sein würde, wenn ich mich ihr nur endlich zuwandte. Ich beschloss, sie zum wichtigsten »Zuhörer« für mein Tagebuch zu machen, und sie wurde zu meiner »Guru-Frau«. Ich spürte beim Schreiben ihre Gegenwart und begann, sie in Gesprächen um Rat zu fragen. Figuren der inneren Weisheit tauchen häufig auf so mysteriöse Weise aus dem Unbewussten auf und leben in Tagebucheinträgen, bis sie schließlich sogar eine aktive Rolle übernehmen. Indem ich die Eintönigkeit meiner gewohnten Perspektive durchbrach, konnte ich das Empfinden meiner Identität erweitern.

Dialog

Der bedeutendste Beitrag des Gestalt-Psychologen Frederick Perl zum Verständnis von Träumen war die Anwendung von Dialogen in der Traumarbeit, in dem jeder Teil des Traums, jeder Charakter, jedes Bild die Möglichkeit erhält, zu dem Träumenden zu sprechen.

Dialoge sind eine Möglichkeit, Traumbotschaften verständlich zu machen. Der folgende Auszug beschreibt einen Traum, den die Autorin nicht verstand:

Ich gehöre zu einer Gruppe vormenschlicher Wesen. Die meiste Zeit stehen wir bereits aufrecht, sind aber doch ein wenig wie Echsen, haben dunkle, schuppige Haut. Finger und Zehen sind lang und spitz, die Körper dünn und schlangenartig. Wir sind lange Zeit gewandert und haben nun das Delta erreicht. Als wir den Schlamm sehen, stürzen wir darauf zu. Hier wollten wir hin. Wir schwärmen im Schlamm aus, sichern das Territorium. Wir nehmen das Gebiet ein und werden es gegen Feinde verteidigen.

In der Hoffnung, etwas mehr Klarheit zu erlangen, fügte sie der Beschreibung einen Dialog an:

Ich *Wer seid ihr, ihr Wesen?*
Wesen *Wir sind der Anfang. Wir sind deine Urinstinkte.*
Ich *Und wieso seid ihr mir jetzt gerade bewusst?*
Wesen *Weil du wissen musst, dass es in deinen Instinkten liegt, dich selbst zu schützen. Unter deiner Haut bist du wie alle Tiere – Selbstschutz ist oberstes Ziel.*
Ich *Ich kriege eine Gänsehaut.*
Wesen *Gib uns die Chance, uns zu entwickeln, und wir stehen aufrecht. Gib uns die Chance, und wir werden dir nicht mehr so hässlich erscheinen.*

Ich *Ihr verhaltet euch aber nicht boshaft.*
Wesen *Nein, aber wir werden verteidigen, was uns gehört. Wir kehren zu unserer Quelle zurück, und auch du wirst zu deinen inneren Quellen zurückkehren.*

Das Gespräch mit den Traumwesen erlaubte es der Autorin, etwas zu hören, was sie in diesem Lebensstadium unbedingt hören musste: dass sie die inneren Ressourcen hatte, für sich selbst zu sorgen und sich selbst zu schützen, dass ihr Instinkt ihr Überleben sichern würde.

Besonders nützlich sind Dialoge mit beängstigenden Traumfiguren. Das Ergebnis ähnelt meist dem Märchen von der Schönen und dem Biest – was zunächst schrecklich erscheint, verwandelt sich in einen mächtigen Freund, wenn man ihm die Chance gibt, seine Geschichte zu erzählen. Einmal hatte ich zum Beispiel folgenden beängstigenden Traum:

Faust durch die Tür
Ich schließe die Eingangstür zu meinem Haus, die ich nur mit einer Kette sichern kann. Plötzlich kracht eine riesige Faust durch die Tür und trifft mich genau zwischen die Augen. Ich fahre entsetzt aus dem Schlaf hoch und spüre noch den Schmerz auf meiner Stirn.

Der Traum war so schockierend, dass er nach Traumarbeit verlangte. Ich hätte den Traum durch geführte Imagination fortführen können, doch meine Intuition schlug den Dialog vor:

Ich *Faust, was bist du?*
Faust *Ich bin Kraft, deine eigene Kraft. Du willst mich nicht akzeptieren, deshalb stoße ich durch die Tür, um zu dir zu gelangen.*
Ich *Aber du hast mich verletzt.*
Faust *Damit du aufwachst. Ich habe dich zwischen die Augen geschlagen – auf das dritte Auge, denn genau dort liegt deine Macht.*

Ohne diesen Dialog noch fortführen zu müssen, erkannte ich, dass der Traum in einen Zyklus passte. In meiner Liste fand ich andere Träume, unter anderem einen, in dem ich mich im Spiegel sah, ein drittes Auge entdeckte und mich so schämte, dass ich mich nicht mehr traute, vor die Tür zu gehen. Dann hatte ich einen Traum von kleinen pelzigen Wesen, die meine Liebe wollten, mich aber abstießen, weil sie nur ein Auge hatten. Ich hatte diese Träume, übrigens lange bevor ich wusste, dass das »dritte Auge« in der fernöstlichen Philosophie und Kunst ein Symbol für innere Sicht ist.

Jetzt konnte ich diese Träume in die richtige Beziehung setzen und begriff, dass die Faust mir sagen wollte, wie sehr ich mich noch immer davor fürchtete, mein inneres Sehvermögen, meine Intuition zu akzeptieren. Der Traum sagte mir auch, dass ich mich dem Wissen um meine eigene Kraft nicht länger verschließen sollte. Die Tür zwischen mir und der Außenwelt war gewaltsam durchstoßen worden. Der Traum, der zunächst wie ein Alptraum wirkte, enthielt in Wirklichkeit eine Botschaft von spirituellem Wachstum.

Manchmal ist es sinnvoll, alle Traumbilder und Figuren in einem offenen Traumforum debattieren zu lassen. Im folgenden Eintrag notiert die Autorin zunächst den Traum und gibt dann allen Elementen die Chance, sich zu äußern:

Nackt erwischt

Ich sitze vorne auf einem Karren, den ich, wie ein Kinderdreirad, mit Pedalen antreibe. Ich habe meinen Pulli in der Reinigung gelassen und habe mir ein Tuch umgewickelt. Die anderen Kleider sind hinten im Karren.

Ich halte in einer eleganten Straße, auf der Auffahrt von irgendjemandem, direkt vor der Garage. Da ziehe ich meine Sachen wieder an. Ein kleines Mädchen mit Pausbacken kommt und fragt: »Was machst du da?«

»Bist du noch nie nackt erwischt worden?«, frage ich. Sie lacht.

Ihr Vater geht durch die Hintertür ins Haus. Die rechte Gesichtshälfte ist eine einzige Brandnarbe.

Narbengewebe auf dem Gesicht des Vaters: »Ich bin die Vergangenheit, der Schmerz, den du überwinden kannst.«

Pausbäckiges Mädchen: »Ich bin wie du, aber noch nicht so frei. Du kannst es mir beibringen.«

Der Karren: »Ich bin dein Zögern. Dein Mangel an Vertrauen. Du bewegst dich voran, aber du willst Sicherheit.«

Meine Nacktheit: »Ich bin der Prozess der Befreiung, in dem du dich befindest. Du beginnst, dich zu akzeptieren, wie du wirklich bist.«
Der Pulli in der Reinigung: »Ich bin dein altes Selbstbild, das du zurückgelassen hast.«
Die Auffahrt: »Ich bin die Stelle, an der du anhältst. Du hast plötzlich Angst und ziehst dich wieder in die Vergangenheit zurück.«

In dieser Traumarbeit offenbart sich eine psychologische Entwicklung, ein Übergangsstadium im Leben der Autorin. Alle wichtigen Elemente kommen zur Sprache, und die Aussage scheint zu sein, dass sie sich auf dem richtigen Weg befindet. Das Gefühl der Verletzlichkeit oder »Nacktheit« symbolisiert ein wachsendes Mehr an Freiheit, das sie jedoch aufgrund der schmerzlichen Erinnerungen der Vergangenheit und der »alten Kleider« oder Angewohnheiten noch nicht richtig annehmen kann.

Diesen Traum mit dem Mittel des Dialogs zu analysieren, brachte ein anderes Ergebnis, als geführte Interpretation es getan hätte. Nach der Theorie von Freud hätte die Autorin ihr Nacktsein als sexuelle Angst deuten können. Der Dialog jedoch führte sie direkt in die Handlung des Traums hinein und erlaubte ihr, ihn aus differenzierter Perspektive zu sehen. Die Dialogtechnik konnte dem Traum nichts aufzwingen – stattdessen ließ sie zu, dass er seine Bedeutung selbst entfaltete.

Ich glaube, dass Träume Botschaften des Unbewussten sind und Lösungen für Probleme des Lebens anbieten. Aber natürlich können sie keine absoluten Antworten geben. Ein Traum kann mit verschiedenen Mitteln analysiert und gedeutet werden und damit zu sehr unterschiedlichen Einsichten führen. Die Tagebuchtechniken sind dabei eine Brücke zum Unbewussten, der Schlüssel zu den richtigen Fragen. Sie ermöglichen uns, die Botschaften unserer Träume zu empfangen.

7. Erotik

Im Tagebuch wie im richtigen Leben ist Sex ein Thema, das viel zur Entdeckung der eigenen Persönlichkeit beiträgt. In unserer Kultur wird Sex häufig isoliert und in den Medien als »Sensation« aufbereitet. Pornographie und Vermarktung trennen Sex vom Individuum ebenso, wie Prüderie ihn unterdrückt. Sensationsmacherei und Unterdrückung bannen die Erotik aus dem Kontext eines individuellen Lebens. Das Tagebuch ermöglicht, sich mit der Sexualität als Teil der Gesamtpersönlichkeit vertraut zu machen.

Unser ganzes Leben lang werden wir mit sexuellen Botschaften konfrontiert – durch Medien, Werbung, Pornographie, religiöse Bildung, familiäre Erziehungen, Trends, trotzdem kennen nur wenige Menschen ihre Bedürfnisse. Wir haben gerade erst begonnen zu verstehen, wie sich die eigene Sexualität, entsprechend der Persönlichkeit, das ganze Leben über entwickelt und verändert. Jeder muss für sich selbst entdecken, was ihm gefällt, was ihn fasziniert oder abstößt, was wir in einer sexuellen Beziehung geben und bekommen wollen, und dieses Wissen ist nur zum Teil eine körperliche Entdeckungsreise. Es entwickelt sich auch aus Reflexion, aus Fantasien und der aufmerksamen Beobachtung von Gefühlen und Reaktionen. Das Tagebuch ist ein idealer, privater Ort, um sich mit Sinnlichkeit und Sexualität zu beschäftigen. Vielleicht weil Sex und Tagebücher mit Heimlichkeit und Verbergen assoziiert werden, haben Tagebücher in der öffentlichen Meinung oft etwas Anrüchiges, obwohl in den meisten Tagebüchern weit weniger prickelnde Enthüllungen zu finden sind, als man erwarten würde. Viele Menschen fürchten sich davor, über ihre Sexualität schriftlich nachzudenken.

Meine Schüler haben mir oft gesagt, dass sie im Tagebuch gerne näher auf das Thema eingehen würden, aber Angst hätten, dass ihre Partner oder andere Familienmitglieder es lesen würden. Um das zu verhindern, kann man sein Tagebuch einschließen – in einer tragbaren Kassette zum Beispiel – oder eine mit einem Passwort geschützte Datei im Computer einrichten. Man kann solche Einträge auch auf einzelne Blätter schreiben, die später verbrannt werden.

Manche Autoren verändern die Namen oder verwenden Initialen, wenn sie über Partner sexueller Begegnungen schreiben, andere benutzen Kurzschrift oder einen Code. Für viele ist es einfacher, nicht in der ersten Person zu schreiben, sondern auf die dritte auszuweichen, so dass die Begegnung fiktionalen Charakter erhält. Sie geben ihrer Figur Fantasienamen. Eine Frau, die ich kenne, nennt ihre Figur »Forbidden Fuschia«, eine andere »Trouble«.

Viele Autoren werfen sich vor, dass sie offenbar nicht in der Lage sind, über etwas so Intimes zu schreiben, dass sie Schwierigkeiten mit dem Thema Sexualität haben. Immerhin erlauben ihnen die kleinen Tricks und Kniffe, die Kompromisse, die sie mit sich selbst eingehen, und die Maskerade gegenüber anderen, doch gelegentlich darüber zu schreiben.

Aber selbst wenn der Autor beschließt, offen über seine Sexualität zu schreiben, hat er es bei diesem Thema nicht leicht. Er muss zum Beispiel seine eigene erotische Sprache erfinden, weil die meisten Begriffe für die Körperbereiche oder den Liebesakt selbst entpersonalisiert, zu klinisch oder zu umgangssprachlich sind. Gerade für Frauen ist es schwer, eine erotische Sprache zu finden, denn sie hatten bisher kaum eine Rolle bei der Entstehung von Slangvokabular. Die sexuelle Umgangssprache wurde fast ausschließlich von Männern kreiert und war oft von Zorn und Angst vor dem weiblichen Körper geprägt. Autorinnen, die über ihre Sinnlichkeit schreiben, müssen daher häufig erst verschiedene Stadien der Nachahmung durchmachen, in der ihre Sprache künstlich, holprig oder billig klingt, bis sie ihre natürliche persönliche Stimme entdecken.

Eine Kursteilnehmerin erzählte mir, dass ihr das Schreiben über Sexualität bei einem persönlichen sexuellen Problem geholfen habe. Sie erkannte nämlich, dass sie ihre kreative Energie auf die gleiche Weise blockiert wie ihre sexuelle. Während sie schrieb und Ideen und Einfälle sie durchströmten, wurde ihre Erregung und Spannung durch die Inspiration so stark, dass sie immer wieder irgendwann vorzeitig abbrach, sich etwas zu essen holte, masturbierte oder telefonierte. Das Gleiche wiederholte sich auch bei der Erregung durch Sex, so dass sie weder einen Höhepunkt noch Entspannung erleben konnte. Als es ihr später gelang, die Intensität beim Schreiben erotischer Texte zu erhalten, konnte sie auch in sexueller Beziehung Intensität und Spannung besser empfinden.

Bei meinen Untersuchungen hatte ich Gelegenheit, viele private Tagebücher zu lesen, und dabei fiel mir immer wieder der Zusammenhang zwischen der Erotik und den Eigenheiten in der Persönlichkeit des Autors auf. Sinnlichkeit beeinflusst die Persönlichkeit und wird von ihr beeinflusst. Die Erotik entwickelt sich parallel zur Persönlichkeit und kann nicht isoliert betrachtet werden. Sich seiner Sexualität bewusst zu werden, kann dazu beitragen, ein inneres Gleichgewicht zu erreichen. Und je mehr Sie über Ihre Sexualität wissen, umso wahrscheinlicher ist es, dass Sie in diesem Bereich Befriedigung finden.

Das erotische Material, das man in Tagebüchern findet, lässt sich zum größten Teil in fünf Kategorien einordnen: sexuelle Erinnerungen, Klagen, schöne Erlebnisse, erotische Träume und Fantasien und »Probeszenarien« für künftige erotische Erlebnisse.

Erinnerungen

Da Sexualität eine Entwicklung ist, die in der Kindheit beginnt, ist es wichtig, sie zu verstehen, um sie akzeptieren zu können. Wenn Sie längere Zeit ein Tagebuch geführt haben, erinnern Sie sich vielleicht spontan an bestimmte Erlebnisse, die Sie analysieren möchten. Vielleicht spüren Sie der Entwicklung Ihrer Sexualität nach, indem Sie eine Liste von besonderen Erlebnissen in Ihrem Intimleben machen. Wie alle Listen, die einem Überblick über einen bestimmten Bereich innerhalb eines bestimmten Zeitraums in Ihrem Lebens dienen, kann sich die Gewichtung mit der Zeit verändern. Es können Ihnen unbewusste Verhaltensmuster und Gedanken begegnen, die Sie unbedingt ebenfalls festhalten sollten, um später darüber nachzudenken.

Fragen Sie sich zunächst nach sexuellen Fantasien aus Ihrer Kindheit, nach Ihren Erfahrungen mit Selbstbefriedigung, nach Ereignissen in Ihrer Pubertät, wann sich Ihre Fantasien verändert haben, nach neuen Sehnsüchten und was Sie sich in Zukunft zur Entwicklung Ihrer Sexualität wünschen. Die folgende Fragen helfen Ihnen vielleicht dabei, sich zu erinnern und diese Erinnerungen einzuordnen:

- Erinnern Sie sich an sexuelle Träume oder Fantasien aus Ihrer Kindheit? Was enthielten Sie? (Lassen Sie sich nicht durch anerzogene Tabus einschränken.)
- Haben Sie von überzeichneten, nicht realen Figuren geträumt? Von Maschinen? Seltsamen Menschen? Seltsamen Situationen?
- Versuchen Sie zu beschreiben, welche Gefühle Selbstbefriedigung in Ihrer Kindheit ausgelöst hat. Beschreiben Sie, was Sie empfanden, als Sie Ihren Körper entdeckten. Haben Sie Ihr Kissen, ein Spielzeug, Wasser oder eine bestimmte Position benutzt?
- Falls Sie sich als Kind nicht selbst befriedigt haben, warum nicht? Sind Sie je erwischt und dafür bestraft worden, sich selbst berührt zu haben?
- Haben Sie in einem bestimmten Alter aufgehört zu masturbieren? Können Sie sich erinnern, warum?
- Was haben Ihre Eltern Ihnen über Sex erzählt?
- Wie sind Sie aufgeklärt worden?
- Hatten Sie romantische Fantasien über Sex? Der Ritter auf dem weißen Pferd? Film- oder Popstars?
- Wie haben Sie sich Ihre Hochzeit vorgestellt?
- Hatten Sie traumatische sexuelle Erlebnisse?
- Hatten Sie sexuelle Gefühle für ein Elternteil?
- Wie war es, als Sie das erste Mal Ihre Periode hatten? Einen feuchten Traum? Wie sind Ihre Eltern damit umgegangen?
- Was empfinden Sie für Ihren Körper? Für Ihre Geschlechtsorgane?
- Denken Sie an »das erste Mal«, wie fühlten Sie sich?

- Wenn Sie noch Jungfrau sind, beschreiben Sie Ihre Wünsche und Ängste.
- Haben Sie wiederkehrende sexuelle Träume?
- Was war Ihr schönstes sexuelles Erlebnis?
- Welche Stellung bevorzugen Sie?
- Haben Sie schon einen Orgasmus vorgetäuscht?
- Was »turnt Sie ab«? Untersuchen Sie diese Gefühle.
- Wie denken Sie über das Kinderkriegen?
- Erinnern Sie sich an die Geburt Ihrer Kinder.
- Wenn Sie eine Abtreibung oder eine Fehlgeburt hinter sich haben, beschreiben Sie, was geschah und wie Sie sich dabei fühlten.
- Stellen Sie sich das ideale sexuelle Erlebnis vor und beschreiben Sie es.
- Beschreiben Sie Ihre sexuellen Frustrationen.

Menschen neigen dazu, sexuelle Verhaltensmuster so lange zu wiederholen oder sich von Ängsten abhängig zu machen, bis sie den Grund dafür erkannt und verstanden haben. Durch kathartisches Schreiben kann der Schmerz vergangener Fehler, widersprüchlicher Empfindungen und negativer Erfahrungen gelindert werden. Wenn Sie beginnen, vergangene sexuelle Erlebnisse zu beschreiben, können Sie Ihre eigene erotische Sprache entwickeln, sexuelle und kreative Energie freisetzen und mit zeitlichem Abstand Ihre frühesten Fantasien und Gefühle distanziert und aufrichtig untersuchen.

Beschwerden

Viele Tagebuchautoren setzen sich zum ersten Mal mit ihrer Sexualität auseinander, wenn sie sich Beschwerden und Klagen von der Seele schreiben. Sexuelle Enttäuschungen und Frustrationen sind mit dem Gefühl von Hilflosigkeit, Ohnmacht und Wut verbunden. Wer aber ein negatives sexuelles Erlebnis beschreibt, ist bereits auf dem Weg dazu, seine sexuellen Bedürfnisse und Vorlieben zu erkennen, zu akzeptieren.

Eine Frau versucht zum Beispiel in ihrem Tagebuch, ihre Sexualität außerhalb ihrer Ehe zu verstehen. Der Eintrag beginnt mit kathartischen Klagen, über die sie anschließend nachdenkt:

Wir haben uns heute zur Mittagszeit geliebt.
An irgendeinem Punkt beschloss J., nach Hause zu kommen.
Ich hab's gespürt. Ich fühlte, wie er umschaltete.
Wo ich gerade war, war nicht wichtig.
Er hat sich ungefähr fünf Minuten Zeit genommen, mich zu stimulieren und sich dabei gleich mit – ich war auf dem richtigen Weg.
Und klick – schon war's vorbei.
In dem Moment sage ich zu ihm: »Wieso hast du das gemacht? Wieso bist du einfach schon gekommen?«
»Mir war danach.«
»Warum?«
»Wieso muss ich da ausgerechnet jetzt drüber reden?«
Die Stimme in meinem Kopf drückte mir auf die Brust – Druck im Kopf. Rede nicht jetzt mit ihm. Mach den Zauber nicht kaputt. Mach seine Stimmung nicht kaputt – er ist entspannt – gerade gekommen – wenn du das jetzt sagst, dann wird er sauer. Dann verlässt er dich vielleicht.
Warum ist es, nach allem, was ich heute weiß, immer noch so schwer, darüber zu reden, was ich empfinde? Warum stopf ich mir selbst immer den Mund, wenn es um Sex geht?

Dieser Eintrag ist Ausdruck emotionaler und sexueller Frustration. Hier liegt keine Trennung von Sex, individuellen Emotionen und persönlicher Entwicklung vor. Das Aufschreiben bietet keine sofortige Lösung, kann aber der Autorin helfen, ihre Empfindungen zu erkennen. Sie ist auf dem richtigen Weg, sich über die Art sexueller Beziehung, wie sie sie wünscht, klar zu werden.

Eine kurze Zeit später schreibt sie:

Neulich ist mir aufgefallen, dass es Jahre her ist, seit ich mit jemandem geschlafen habe, bei dem ich mich geborgen und geliebt fühle. Der mein Gesicht, meine Lider und meine Brüste berührt hat, weil er mich liebt.

Ich merke, dass ich mich jetzt, da ich das erkannt habe, mehr zu meinem inneren Mittelpunkt hin bewege, mehr zu meinen eigenen Bedürfnissen, und ich beginne zu verstehen, was ich will und was ich bin.

Wenn wir Gefühle beschreiben, nehmen wir sie bewusster wahr und ernst, und das kann wiederum zu einer Veränderung der Beziehungen und sexuellen Partnerschaft führen. Eine gute Methode herauszufinden, was man will, ist herauszufinden, was man *nicht* will – durch Klagen und Beschwerden im Tagebuch.

Schöne Erlebnisse

Manchmal lässt sich die persönliche Sprache der Erotik leichter entwickeln, wenn man ein schönes sexuelles Erlebnis im Tagebuch beschreibt. Dann kann man das Erlebte beim Schreiben noch einmal genießen und später immer wieder nachlesen. Sexuelle Glücksmomente, im Tagebuch beschrieben, stärken, wie andere Augenblicke des Glücks, wenn man sie in Worte fasst, Wohlgefühl und individuelle Zufriedenheit, auch langfristig.

Gestern Nacht hielten wir beide uns nur im Arm und ließen uns von Sinnlichkeit davontragen. Als er mich berührte, war es so unmittelbar, so tröstend und so voller Zuneigung, dass es mir vorkam, als sei ich noch nie zuvor so berührt worden. Bisher haben Männer mich immer nur mit ihren Egos angefasst.
Wir reagieren auf die Berührung des anderen mit kleinen Lauten. Wir sind freundlich wie Kinder und in unserer Sinnlichkeit rein wie Katzen.
Ich fühlte mich verletzlich. Ich wollte, dass diese Nacht ewig, dass diese Nacht alle Nächte dauert. Die Angst vor Verlust mischte sich mit der Freude über die Zuneigung und machte dieses Erlebnis so unmittelbar und umso kostbarer.

Indem die Autorin diese Nacht in Worte fasste, konnte sie die flüchtigen Sensationen festhalten und bewahren.

Meistens erkennen Tagebuchautoren durch die Beschreibung die Zyklen und Stimmungen ihrer Erotik. Sie erfahren, wie stark die sexuelle Wahrnehmung mit ihrem übrigen Leben verbunden ist und beeinflusst wird. Das Tagebuchschreiben kann die Sexualität in die emotionale und intellektuelle Harmonie eines Lebens integrieren.

Erotische Träume und Fantasien

Ein erotischer Traum ist wie jeder andere Traum im Tagebuch. Sie arbeiten mit ihm, um seine Bedeutung zu erkennen. Die Senoi-Indianer unterstützen selbst »unangemessene« oder inzestuöse Träume, weil sie erotische Träume als kreative Fantasien verstehen, die Teil der Persönlichkeit des Träumers sind. Abraham Maslow, der bekannte humanistische Psychologe, hat festgestellt, dass sexuelle Träume eher von selbstbewussten, aktiven und unabhängigen Frauen erlebt werden. Eine andere Studie ergab, dass besonders kreative Studenten der Universität häufiger unkonventionelle erotische Träume haben als weniger kreative Studenten. Daraus schließe ich, was ich in zahllosen Tagebüchern bestätigt sehe: Sexualität auf imaginärer Ebene scheint Kreativität in anderen Bereichen freizusetzen.

Erotische Fantasien spielen im Tagebuch keine andere Rolle als Träume. Es sind Wachträume, eine Form der geführten Imagination. Ich nenne als Beispiel einen Mann in mittlerem Alter, der in seinem Tagebuch eine erotische Fantasie durchspielte, die er keinesfalls ausleben wollte. Er stellte sich immer wieder vor, wie er eine sehr junge Anhalterin auflas und mit ihr in ein Motel fuhr. Er beschrieb seine Fantasie sehr detailliert und war mit dieser Form des Auslebens zufrieden. Das Tagebuch machte es ihm möglich, seine Fantasie als Fantasie zu genießen, und das war die Erfahrung, die er sich gewünscht hatte. Anschließend beschloss er, die Bilder und Figuren seiner Fantasie wie Elemente eines Traums zu behandeln und einen Dialog zu verfassen, in dem Straße, Motel, das Mädchen und er selbst zu Wort kommen durften:

Highway Ich bin die offene Straße, das Leben unendlicher Möglichkeiten. Du hast den Eindruck, als ob dein Leben dich immer stärker einengt. Auf mir kannst du fliehen.

Motel Ich bin die Unbeständigkeit, das Fehlen von Verantwortung. Ich bin das Gegenteil von Ehe und Verpflichtung.

Mädchen Ich bin der Teil von dir, den du dir niemals eingestanden hast. Ich will mit dir verschmelzen. Ich bin Jugend und Unschuld. Ich bin Zärtlichkeit und Güte. Du willst das alles in dir entdecken.

Ich Und wie kann ich dich kriegen?

Mädchen Lass das kleine Mädchen in dir herauskommen. Du kannst das Kind in dir doch spüren, wenn du dich über etwas Neues, etwas Ungewöhnliches freust. Hör auf, immer alles aus der Sicht des alten Mannes zu betrachten. Du musst auch nicht immer beweisen, wie männlich und hart du bist. Manchmal darf man auch lieb und nett wie ich sein.

In diesem Fall war die sexuelle Fantasie ein Ausdruck emotionaler Bedürfnisse, kein Hinweis auf eine reale Begierde. Die Elemente des Traums waren Teile einer Person, die integriert werden wollten.

Sie können mit Ihren erotischen Fantasien im Tagebuch arbeiten und erkennen, welche Verbindungen sie zu Ihrem übrigen Leben haben. Erotische Fantasien und Träume sollten nicht separat betrachtet werden, sondern im Zusammenhang mit Ihrem übrigen Alltag.

Proben für den »Ernstfall«

Wenn Sie zu gehemmt oder zu schüchtern sind, Ihrem Partner Ihre sexuellen Vorlieben mitzuteilen, wenn Sie sich über Ihre Gefühle nicht im Klaren oder unzufrieden mit Ihren Fantasien sind, kann das Tagebuch Ihnen helfen. Es ist ideal, um sich darin zu üben, sexuelle Wünsche zu artikulieren.

Ein Mann zum Beispiel erfand in seinem Tagebuch einen imaginären Dialog zwischen seiner Frau und sich, um eine Sprache zu finden, in der er ihr seine sexuellen Wünsche erklären konnte, ohne sie wie eine Anklage oder einen Befehl klingen zu lassen. Eine Frau schrieb einen Brief an ihren Liebhaber, in dem sie ihre Wünsche auszudrücken versuchte. Sie begann nachdenklich:

Das Problem ist, dass ich nicht weiß, wie ich meine Wünsche erklären soll, damit er sie mir erfüllt. Ich habe Angst, dass ich seinen Stolz verletze.
Stellen wir uns also vor, dass er anders wäre, dass er wirklich wissen will, was mir wichtig ist, und dass ich ihm erklären könnte, wie er mit mir schlafen soll.
Also, auf jeden Fall langsam und so, dass er mir damit vermittelt, dass er mich nicht einfach hängen lässt, selbst wenn es lange dauert. Ja, das ist es – mit genug Zeit, um langsam und kontinuierlich Lust aufzubauen. Ich möchte, dass du mich zärtlich stimulierst und erst eindringst, wenn ich es sage.
Na, das war doch gar nicht mal so schlecht. Wenn ich ihm das so sage, kann er eigentlich nichts dagegen haben.

Während sie das aufschrieb, erkannte die Autorin, dass ihr eigentliches Problem darin lag, sich selbst ihre sexuellen Wünsche einzugestehen. Die Übung im Tagebuch entspannte sie, löste einen Teil ihrer Unsicherheit und gab ihr darüber hinaus die Worte, die sie brauchte.

Eine andere Frau, die das Gefühl hatte, ihrem Liebhaber nicht wirklich nah zu sein, und die sich über ihre eigenen Emotionen nicht klar war, beschrieb eine ihrer sexuellen Begegnungen – zuerst aus ihrer Sicht, dann aus der seinen:

Ich *Meine Hände sind kalt, weil ich nervös bin. Er merkt es. Er nimmt meine Hand und legt sie sich zwischen die Beine. Ich habe Angst, dass meine Hand sich unangenehm anfühlt. Ich bin voller Selbstzweifel. Findet er mich attraktiv?*
Er *(Ich ahme seine Haltung nach) Ich liege im Bett, rauche meine Zigarette zu Ende. Ich nehme deine Hand, sie ist kalt, und schiebe sie unter die Decke. Sofort bin ich erregt. Du bist ganz bei mir. Ich begehre dich.*

In diesem Eintrag erkannte die Autorin etwas sehr Interessantes: Aus ihrer eigenen Perspektive bezeichnete sie ihren Partner als »er«, wodurch sie sich von ihm distanziert. Wenn jedoch »er« zu Wort kommt, spricht er sie als »du« an, was unmittelbare Nähe herstellt. Darin erkannte sie, dass die Nähe, die sie vermisste, wahrscheinlich auf ihre eigenen Ängste zurückzuführen ist. Als sie sich ihre Furcht vor Nähe eingestand, statt sie ihrem Partner zuzuschieben, fühlte sie sich wohl und angenommen.

Indem Sie Situationen im Tagebuch durchspielen, können Sie schwierige Verhaltensmuster oder Gewohnheiten, auch im Bereich Ihrer Sexualität, klären und verändern. Eine Frau zum Beispiel, die sich eher passiv verhalten hat und nicht in der Lage war, ein klares »Ja« oder »Nein« zu sexuellen Ouvertüren auszusprechen, kann durch geführte Imagination üben, eine aktivere Rolle bei der nächsten Begegnung zu übernehmen. Wenn sie sich in einer beschriebenen Fantasie erlaubt, selbst zu verführen oder aber sich eindeutig ablehnend zu verhalten, kann sie einen Prozess der Selbstprogrammierung in Gang setzen, der sich aufs wahre Leben auswirkt.

Mit Fantasien, die sich oft wiederholen, kann man umgehen wie mit Träumen, die man häufig träumt. Um zu sehen, welcher Quelle eine Fantasie entspringt, wechselt man beispielsweise in eine Perspektive, die Distanz erlaubt. Wer sadomasochistische Fantasien hat, sollte sich gleichzeitig als Sadist und Masochist beschreiben, jemand mit Vergewaltigungsfantasien gleichzeitig als Täter und Opfer. Diese Übung, in der man sich mit beiden Extremen auseinander setzen muss, kann schrittweise dazu beitragen, ein inneres Gleichgewicht zu erreichen und das eigene sexuelle Potenzial voll auszuschöpfen.

Die eigene Sexualität annehmen

Autoren, die neben den emotionalen, intellektuellen und spirituellen Bereichen des Lebens auch über ihre Sexualität schreiben, haben durch ihre Tagebucharbeit die Möglichkeit, sich selbst mit allen Bereichen ihres Wesens zu begreifen. Indem sie sich ihre Sexualität bewusst machen, können sie steuern, ob, wann und wie sie sie ausleben. Sie werden zur unabhängigen, selbstbewussten Persönlichkeit, die ihre eigenen Wünsche und Bedürfnisse kennt und reif genug ist, sie, falls nötig, zu zügeln, ohne dass sich die Einschränkungen zerstörerisch auswirken.

Wer die eigene Sexualität versteht und akzeptiert, erlebt, dass sie eine reiche Quelle für Fantasie, Vergnügen, Humor, kreative Energie und Vitalität sein kann. Menschen, die ihre Sexualität als integrierten Teil Ihrer Persönlichkeit empfinden, sind aufgeschlossen für das gesamte sinnliche Erleben und seine altersunabhängigen Freuden. Die Grenzen zwischen Sexualität und Sinnlichkeit, zwischen Körper und Geist verschmelzen.

Das Tagebuch ermöglicht Ihnen, Stimmungen, Entwicklungen und Zyklen Ihrer Sexualität aufzuzeichnen und die unterschiedlichen Ausdrucksformen und Einflüsse zu erkennen. Erotik im Tagebuch zu beschreiben und damit zu arbeiten, ist auch ein Teil der umfassenden Bemühung, sich selbst zu verstehen und zu akzeptieren und kreative Freiheit zu erlangen.

8. Schreibblockaden überwinden

Im Tagebuch können Sie sich aussprechen und entspannen, experimentieren, spielen und beichten. Hier sind Sie sicher vor dem eigenen Wunsch oder dem Druck, ein Publikum unterhalten und beeindrucken zu müssen. Doch selbst im Tagebuch können Hemmungen den Schreibfluss blockieren. Gerade Tagebuchanfänger erleben häufig, dass sich innere Stimmen einmischen, zensieren und urteilen wollen. Selbst geübte Tagebuchautoren, die seit Jahren regelmäßig schreiben, kämpfen gelegentlich mit dem Problem, ihre Gefühle zu beschreiben. Manchmal will sich der Stift nicht mehr flüssig über die Seiten bewegen, manchmal lässt man dann das Schreiben für Wochen oder sogar Monate sein.

An einer solchen Blockade, einer temporären Schreibunfähigkeit, ist meist entweder der innere Zensor oder Kritiker schuld. Der innere Zensor zweifelt am Inhalt, den Gedanken und Gefühlen, die aus wer weiß welchen Gründen nicht in Ordnung sein könnten. Der innere Kritiker verurteilt den Stil oder die Qualität Ihrer Einträge. Beide sind mächtige Gegner, und es ist wichtig zu ergründen, woher sie kommen, woraus sie bestehen. Wenn Sie mit ihnen in Kontakt treten, sie kennen lernen und mit ihnen reden können, haben Sie einen großen Schritt zur Befreiung Ihrer Kreativität getan.

Der innere Zensor und wie Sie ihn überlisten

Die Schriftstellerin Virginia Woolf hat ihn in ihrem Tagebuch als Erste beim Namen genannt, als sie bemerkte, dass die Autoren der Moderne offenbar durch einen »unsichtbaren Zensor« behindert würden. Da sich dieser Zensor aber gerne in Ihrem Inneren versteckt, ist es schwer zu sagen, ob tatsächlich er es ist, der Sie behindert. Zensoren sind generell dann am Werk, wenn Sie zögern, etwas aufzuschreiben, bestimmte Gedanken auslassen oder wenn Sie das Gefühl haben, Sie könnten zur Zeit überhaupt nichts Vernünftiges zustande bringen.

Virginia Woolf stellte sich ihren inneren Zensor – eine Frau – bildlich vor und porträtierte sie in »Berufe für Frauen«:

> *Ich will sie so knapp, wie ich kann, beschreiben. Sie war ausgesprochen mitfühlend. Sie war außerordentlich liebenswürdig. Sie war vollkommen selbstlos. Sie beherrschte die schwierige Kunst des Familienlebens. Sie opferte sich täglich. Wenn es Hähnchen gab, nahm sie ein Bein; wenn es irgendwo zog, setzte sie sich hinein – kurz: Sie war so, dass sie keinen eigenen Verstand und niemals einen eigenen Wunsch besaß, sondern stets lieber vor dem Verstand oder den Wünschen anderer zurücktrat. Vor allem war sie – ich bräuchte es wohl nicht erst zu erwähnen – rein. […] Und als ich kam, um zu schreiben, traf ich sie schon bei den allerersten Worten an. Der Schatten ihrer Flügel fiel über meine Seite, und ich hörte das Rascheln ihrer Röcke in meinem Zimmer. […] Sie schlich sich hinter mich und flüsterte: […] Sei einfühlsam. Sei sanft. Schmeichle. Täusche. Benutze alle Listen und Schlichen deines Geschlechts. Lass niemals jemanden ahnen, dass du einen eigenen Kopf hast. Und vor allem – sei rein. Und sie tat, als wolle sie meinen Stift führen. Ich möchte nun jene Tat aufzeichnen, die ich mir als Verdienst anrechne. […] Ich stürzte mich auf sie und packte sie an der Gurgel. Ich gab mein Bestes, um sie zu töten. Meine Verteidigung, falls ich mich vor Gericht hätte verantworten müssen, hätte gelautet, dass ich in Notwehr gehandelt hatte. Hätte ich sie nicht getötet, hätte sie mich getötet.*

Wie Virginia Woolf bereits erkannt hatte, meldet sich der innere Zensor gerne bei Themen zu Wort, die als Tabu oder als »unanständig« gelten, und verbietet dem Autor, Wut oder Gedanken zu Papier zu bringen, die Ärger machen könnten. Der Zensor ist, wie das Über-Ich in der Psychoanalyse von Sigmund Freud, Vertreter der gesellschaftlichen Werte und Konventionen. Es ist die autoritäre Stimme in unserem Kopf, die Dinge sagt wie: »Aber das darfst du doch so nicht sagen!«, oder: »Du solltest dich schämen!«

Der innere Zensor entspricht dem wertenden urteilenden Elternteil in der Transaktionsanalyse, der »Du bist nicht okay« sagt. Die logische Weiterführung heißt: »Du bist nicht okay, also kann auch das, was du schreibst, nicht okay sein.« Der innere Zensor scheut Gefühle und weigert sich, für sie einzutreten. Er fürchtet alles, was »unweiblich«, »unmännlich« oder »kindisch« ist.

Zum Glück ist es nicht sehr schwer, die Blockade des inneren Zensors zu umgehen, indem Sie sich nämlich weigern, während des Schreibens ein Urteil zu akzeptieren. Und da Selbstbeurteilung immer aus der Vernunft, aus dem Intellekt kommt, sind Techniken, Tricks und Werkzeuge, die den Intellekt umgehen, besonders hilfreich, um Blockaden zu lösen oder zu vermeiden. Freies, intuitives Schreiben, Maps of Consciousness und geführte Imagination erlauben es Ihnen, sich in einer symbolischen Sprache auszudrücken, die den Zensor ausschließt.

Über die Blockade schreiben

Über die Symptome der Blockade zu schreiben, ist eine gute Methode, den Zensor zu überlisten. Gegen eine so direkte Attacke hat der Zensor keine Chance. Wenn der Stift sich nicht bewegen will, dann schreiben Sie genau darüber. Wenn Sie sich fürchten, schreiben Sie über Ihre Furcht.

Ein Tagebuchautor, Richard Watts, stellte fest, dass bei ihm Müdigkeit häufig als Symptom auftrat, wenn er etwas aus dem Weg gehen wollte. Aber statt zu resignieren und ihr nachzugeben, machte er sie zu seinem Thema:

> *Wenn ich mich an die Schreibmaschine setze, werde ich unglaublich müde, will nur noch schlafen und verdrehe die Augen. Meine Glieder schmerzen. Ich setze mich an die Maschine und fühle mich schwächlich. Die schädlichen Gerüche der Inaktivität ziehen durch meinen Körper, und ich*

will schlafen. Ich habe Angst. Ich ziehe meine Gedanken, Ideen, Gefühle zurück in den Schutz meines Körpers. […]
Vor meinem inneren Auge sehe ich: mich, der ich auf einem großen, muskulösen Stein sitze, der sich zu einem Ei verformt; Milch, die aus meiner vollen Brust spritzt, der leere Sack eines Eselskopfes, der über meinen eigenen gestülpt und sicher festgebunden ist. Diese Vision ist nun sichtbar, direkt vor mir, sie schwebt in den transparenten Wogen über meiner Maschine. Es kommt mir vor, als würde ich mich selbst durch ein Mikroskop betrachten.

Der Autor beschreibt in diesem Eintrag zunächst seine Blockade, dann in Bildern die noch unklaren Gefühle. Er benutzte die Schreibhemmung, um die tiefen Gefühle, die der Zensor unterdrücken will, durch Imagination hervorzulocken. Das wiederum führte ihn zu seiner Beschreibung in Bildern und schließlich dazu, dass sich das Tor zu seinen Emotionen wieder öffnete.

Mit der Blockade sprechen

Sprechen Sie mit Ihrem Zensor, lassen Sie die Schreibhemmung zu Wort kommen. Wenn die Blockade sich erklären muss, verliert sie seltsamerweise viel an Macht. Ich war beispielsweise eines Abends unfähig zu schreiben und fühlte mich, als ob ich den Kontakt zu mir verloren hätte. Darum schrieb ich an meine Schreibhemmung und brachte sie dazu, mit mir zu reden:

Es ist so schwer, loszulegen, so schwer, mich zu artikulieren. Ich ersticke am Schmerz. Und weiß nicht mal, ob das wirklich stimmt. Ich weiß nur, dass ich schreiben muss, schnell, bis ich nicht mehr kann. Ich bin überhaupt nicht mehr bei mir … ich blockiere. Es geht nicht. Ich muss die Blockade sprechen lassen.
Stimme *Du wirst Ärger machen. Wenn du erkennst, was es ist, musst du vielleicht handeln. Und du hast Angst zu handeln.*
T. Aber das ist schrecklich. Ich kann so nicht weitermachen. Ich weiß, dass

ich ein Feigling bin, wenn es darum geht, endlich etwas anzupacken, aber ich muss daran arbeiten.

Stimme *Du bist so feige, dass du's nicht mal aufschreiben kannst.*

T. Aber ich weiß doch nicht mal, worum es hier überhaupt geht.

Der Eintrag, der diesem Dialog folgte, war sieben Seiten lang und ließ mich endlich erkennen, was ich unterdrückte – nämlich dass mein Arrangement mit der Frau, mit der ich mein Haus teilte, nicht zufriedenstellend war und dass ich sie bitten musste auszuziehen. Ich mochte diese Frau aber sehr gerne, so dass diese Erkenntnis nicht leicht für mich war. Doch der Mut, den ich aufbringen musste, um mich mit meinem Zensor auseinander zu setzen, gab mir die Kraft dazu.

Über die Angst schreiben

Lassen Sie sich von Ihrer Schreibblockade leiten. Fragen Sie, wenn es nicht mehr weitergeht: »Wovor habe ich Angst? Was halte ich für zu schockierend, unmöglich oder hässlich, um darüber zu schreiben?« Stellen Sie sich diese Frage in Ihrem Tagebuch und beantworten Sie sie. *Schreiben Sie auf, was Sie sich fürchten auszusprechen.* Dadurch wird die Blockade zur Chance, den Grund Ihrer Angst zu entdecken. Bliebe sie, würde der innere Zensor Ihnen wahrscheinlich immer größere Schwierigkeiten bereiten. Haben Sie jedoch den Grund dafür im Tagebuch aufgeschrieben und analysiert, dann können Sie ihn in etwas Produktives verwandeln, etwas dagegen unternehmen oder sich erst einmal damit zufrieden geben, dass Sie über die Ursache Bescheid wissen.

Mit der Blockade einigen

Manchmal unterdrückt der innere Zensor etwas, das dem Autor so unerträglich scheint, dass er sich versprechen muss, was er geschrieben hat, anschließend zu vernichten. In diesem Fall sollten Sie die Frage »Wovor fürchte ich mich?« nicht im Tagebuch, sondern auf einem losen Blatt beantworten. Ein Autor fing so an: »Ich verspreche, dies hier zu vernichten, wenn ich es überhaupt formulieren kann.«

Und wenn Sie es tatsächlich formuliert haben, ist es vielleicht gar nicht mehr so schrecklich, dass Sie es wirklich vernichten müssen.

Der innere Kritiker und wie man ihn zähmt

Während der Zensor bestimmte Inhalte Ihrer Einträge verhindern, unterdrücken oder beschönigen will, attackiert der Kritiker die Qualität Ihrer Texte und Einträge. Pausenlos urteilt er über Ihren Schreibstil. Wenn Sie sich ängstlich fragen: »Und was, wenn das hier irgendwann mal einer liest?», oder wenn Sie sich selbst beschimpfen, dass Sie überhaupt nicht fähig sind zu schreiben, dass Sie es einfach nicht können, dann hat der innere Kritiker seine Hand im Spiel.

Der innere Kritiker hat einen Anspruch, dem Sie nicht gerecht werden können. Er ist ein Perfektionist, ein Ästhet, und besitzt einen gut entwickelten Literaturgeschmack. Der innere Kritiker ist der selbstzerstörerische Teil in Ihnen. Seine Maßstäbe und überhöhten Ansprüche unterdrücken und hemmen die Lust und den Mut zu experimentieren und verhindern Erfahrungen, die jeder Autor machen muss, um sich entwickeln zu können. Der Kritiker glaubt, er müsse jeden Schreibversuch beurteilen und bewerten. Er unterscheidet nicht zwischen einem persönlichen Tagebuch, das hauptsächlich zur Selbstfindung gedacht ist, einem literarischen Versuch oder einem Aufsatz, mit dem Sie einen Lehrer beeindrucken möchten.

Der innere Kritiker muss unbedingt auf seinen Platz verwiesen werden, weil er die nicht lineare, intuitive Entwicklung im Tagebuch nicht versteht. Er kann Ihnen sagen, was Ihrem Stil fehlt, und das wird er auch versuchen, noch ehe Sie zwei ganze Sätze geschrieben haben, aber er kann selbst nicht kreativ arbeiten. Er wird Ihre Arbeit ernsthaft oder sogar brillant kommentieren, aber er bringt den Schreibfluss damit eher zum stocken, als dass er ihn fördert.

Obwohl der Kritiker sicherlich ein wertvoller Helfer ist, wenn Sie Texte überarbeiten, darf er sich beim spontanen Schreiben der

Erstfassung nicht einmischen. Und da ein Tagebuch allein aus Erstfassungen besteht, hat er hier kaum eine Funktion, es sei denn, Sie wollten es eines Tages veröffentlichen. Wenn der innere Kritiker Ihre Entwicklung und Kreativität verhindert, müssen Sie ihn zum Schweigen bringen.

Leider können Sie den Kritiker nicht vertreiben, weil er ein Teil Ihrer selbst ist. Er wird wieder auferstehen, wenn Sie ihn umbringen. Sie müssen Ihren Kritiker deshalb so erziehen, dass er zum nützlichen Teil Ihrer Persönlichkeit wird.

Der italienische Regisseur Federico Fellini hat diesen Integrationsprozess in seinem Film *8 ½* so dargestellt: Ein mürrischer Kritiker vernichtet jede Inspiration des Filmemachers, der Hauptfigur des Filmes, mit seinen intelligenten und sehr vernünftigen Argumenten. Verzweifelt lässt der Filmemacher Guido diesen Kritiker aufhängen. Doch in der nächsten Szene ist er wieder da, und zwar ausgesprochen lebendig. Fellini löst schließlich den Konflikt zwischen dem kritischen und dem kreativen Ich, indem er zum Ende des Filmes das Guido Kind-Ich zusammen mit den anderen Facetten seiner Persönlichkeit und dem Kritiker, der dazu gehört, im Kreis tanzen lässt.

Im kreativen Prozess muss das spontane, verspielte Kind-Ich die Führung übernehmen, während das vernünftige, kritische Erwachsenen-Ich nachfolgen und seinen Teil anschließend erledigen kann.

Der innere Kritiker muss lernen und wissen, dass sich Ihr schreibendes Ich selbstständig voranbewegt, Fehler macht, aus ihnen lernt und an seinen Erfahrungen und Fehlern wächst. Wie in Fellinis Film müssen Sie Ihrem Kind-Ich zunächst die Führung überlassen.

Dialog mit dem Kritiker

Eine Methode, den inneren Kritiker zu bändigen, ist der Dialog. Wie beim inneren Zensor ist der erste Schritt dazu, seine Stimme zu identifizieren. Eine Tagebuchautorin erlaubte deshalb, dass der Kritiker sie unterbrach und mitten im Satz seine Meinung äußerte:

Dieses Tagebuch soll eine Chronik meiner Bemühungen sein.
(deiner jämmerlichen Bemühungen)
Wenn ich dieser Person bloß ein Gesicht geben oder sie austreiben könnte … statt gegen diese Schwärze, diese Wucht, diese Autorität ihrer Stimme anzukämpfen.

Die Autorin schreibt die abwertenden Bemerkungen des inneren Kritikers (»jämmerliche Bemühungen«) mit und identifiziert seine Stimme dann als »diese Autorität«. Dieser Person »ein Gesicht zu geben« und sich dann mit ihr im Tagebuch zu unterhalten, würde der Autorin wahrscheinlich helfen, ihren inneren Kritiker besser kennen zu lernen. Anschließend kann sie ihn so erziehen, dass er zum Verbündeten wird, statt sich ihr in den Weg zu stellen.

Der innere Kritiker kann aber auch beschwichtigt werden, indem man ihm erlaubt, alles loszuwerden, was er schon immer sagen wollte. Zuerst will er Sie vielleicht fertig machen, aber wenn Sie darauf bestehen, in Ihrem Tagebuch zu experimentieren, und ihm unbeirrt entgegentreten, wird er seine Macht verlieren.

Ein Beispiel: Stellen Sie sich vor, Sie würden gerade Tagebuch schreiben und plötzlich hören Sie eine innere Stimme.

Was für ein sentimentaler Quark, du Versager. Wäre mir peinlich, jemandem so was zu zeigen. Das ist keine Literatur. Das ist Schwulst.

Schreiben Sie alles auf, was Ihr innerer Kritiker zu sagen hat. Dann antworten Sie ihm.

Hör zu, Kritiker, mag sein, dass das ein bisschen zu sentimental ist, obwohl ein anderer das durchaus als »mit Gefühl geschrieben« bezeichnen würde. Aber ich finde, man kann das noch gar nicht beurteilen. Ich höre mir gerne ein andermal an, was du zu sagen hast, denn ich weiß, dass du klug bist und mir später ein paar gute Tipps geben kannst. Aber jetzt ist der falsche Zeitpunkt. Ich will jetzt einfach nur Gedanken und Gefühle zu Papier bringen.

Setzen Sie den Dialog fort, bis der Kritiker Sie weiterschreiben lässt:

Kritiker *Na gut, dann mach doch weiter mit diesem Schrott. Das wirst du noch bereuen.*

Ich *Weißt du, im Moment schreibe ich nur für mich. An deiner Meinung bin ich interessiert, wenn ich etwas mit diesem Tagebuch anfangen will. Warum lässt du mich also nicht einfach weitermachen, bis ich so weit bin?*

Kritiker *Okay, dann mach es. Ich muss zugeben, dass du besser bist, wenn du spontan schreibst.*

Der Kritiker gibt zu, dass er die spontanen Einträge des Autors besser findet als die zaghaften, kontrollierten Texte. Bald wird der Kritiker dem Autor nicht nur freie Hand geben, sondern ihn auch ermutigen, offen und intuitiv zu schreiben.

Mit Perspektiven- oder Publikumswechsel die Blockade umgehen

Wechseln Sie die Perspektive, um Ihrem inneren Kritiker auszuweichen, indem Sie nicht mehr als »ich«, sondern als »er« oder »sie« auftreten. Schreiben Sie also nicht in der ersten Person, sondern in der dritten, sprechen Sie nicht mehr von sich als »mir«, sondern von »ihm« und »ihr« – überlisten Sie den Zensor und den Kritiker!

Auch ein Wechsel des imaginären Publikums, des Adressaten, kann ein Mittel gegen die Schreibblockade sein. Kritiker und Zensor sind Zuhörer, die Sie einschüchtern und hemmen. Suchen Sie sich ein positiveres Publikum. Mit »Zuhörer« oder »Publikum« sind imaginäre Ansprechpartner gemeint, die Sie bewusst oder unbewusst beim Schreiben ansprechen. Für ein Werk, das veröffentlicht werden soll, ist das Publikum »sie«, die »Öffentlichkeit« oder »die Nachwelt«.

Wer sich jedoch im Tagebuch stets an bestimmte Adressaten wendet, »die Öffentlichkeit« oder »die anderen«, zeigt vermutlich, dass er keine echte Nähe zu sich selbst zulässt.

Als ich beispielsweise erkannte, dass ich mein erstes Tagebuch unbewusst an meinen ehemaligen Freund gerichtet hatte, bemühte ich mich, alle weiteren Einträge an mich als Frau zu richten. Wenden Sie sich also an ein Publikum, das Sie unterstützt, Ihre Spontaneität fördert und Ihrem inneren Kritiker entgegentritt. Übrigens verrät das Publikum, das Sie gewählt haben, auch einiges über Sie selbst, Ihren Gemütszustand und Ihre Bedürfnisse. Denn die verschiedenen Persönlichkeiten, Adressat oder Publikum, beeinflussen auch die unterschiedlichen Seiten Ihrer eigenen Persönlichkeit.

Den richtigen Adressaten für Ihr Tagebuch zu finden, ist ein wenig, wie den richtigen Menschen zu finden, mit denen Sie Ihr Leben teilen möchten. Vielleicht müssen Sie Ihr Tagebuch erst eine Weile führen, bevor Sie sich fragen können, für wen Sie schreiben.

Konstruktive Blockaden

Nicht alle Schreibhemmungen sind negativ. Eine Blockade kann ein Bote sein, der Ihnen die Straße zu Ihrem Ziel versperrt, bis Sie die Botschaft verstanden haben, und dann die Straße freigibt. Oft weist die Blockade auf etwas hin, mit dem Sie sich unbedingt auseinander setzen müssen, und zwar so lange, wie Sie versuchen, über etwas anderes zu schreiben. Oder solange Sie einem bestimmten Thema ausweichen oder solange Sie nicht ehrlich zu sich sind, Sie in einer Ihnen fremden Rolle schreiben, oder wenn Sie beginnen, selbstzerstörerisch zu schreiben.

Eine Tagebuchautorin stellte fest, dass sich in ihrem Tagebuch immer dann einer ihrer Freunde zu Wort meldete und sie blockierte, wenn sie zu selbstkritisch wurde. Auch im wahren Leben ließ dieser Freund nicht zu, dass sie sich abwertete, und er hatte genügend Einfluss, um auch im Tagebuch als konstruktive Blockade fungieren zu können:

Ich hätte Make-up auflegen und mir die Haare anständig machen sollen, als ich mich mit ihm getroffen habe.
Was für ein Blödsinn.
Wer ist da? Ron, bist du das? Lass mich in Ruhe.
Ich hätte lieb und freundlich sein müssen und nicht wütend werden dürfen.
Ron, es ist mir peinlich, wenn du mir über die Schulter guckst.

Natürlich schaute Ron ihr nur im übertragenen Sinne über die Schulter, aber der Gedanke an den vorhersehbaren Kommentar ihres Freundes machte ihr klar, dass sie unnötig selbstkritisch war. Ihr wurde durch die Blockade bewusst, dass sie ihre Gefühle näher untersuchen sollte.

Präventive Strategien

Bisher habe ich Ihnen einige Tricks und Techniken vorgestellt, mit denen man Schreibblockaden lösen oder, wenn sie sich ankündigen, verhindern kann. Man kann auch mit bestimmten Techniken vorbeugen, dass es zu Blockaden kommt.

Im vierten Gang schreiben

Das Beste gegen Schreibblockaden ist, so schnell zu schreiben, dass keine Zeit zum Nachdenken bleibt. Wenn Sie in den vierten Gang schalten und in Höchstgeschwindigkeit schreiben, kann Sie Ihr innerer Zensor oder Kritiker nicht einholen. Richard Watts schreibt zum Beispiel in halsbrecherischem Tempo trotzig gegen Kritiker und Zensor an:

Es spielt keine Rolle, was ich schreibe, es zählt allein, dass ich es tue. Es spielt keine Rolle, ob ich mich anhöre wie Henry Miller, Thomas Wolfe oder Hemingway. Am Ende kehre ich doch zurück zu dem, was ich bin.
Deshalb handelt dieses Buch von mir. Ich spucke. Ich kaue auf den Nägeln. Ich latsche clownhaft herum, ich bin im Geist verkrüppelt und ohne Hoffnung. (Na und?)

»Na und?«, schleudert der Autor den nörgelnden kritischen Stimmen in seinem Kopf entgegen und macht weiter wie bisher. Bei den geringsten Anzeichen von Hemmung oder Zögern beschleunigt er sein Tempo, statt sich bremsen zu lassen.

Freies, intuitives Schreiben

Manche Tagebuchautoren beginnen vorsorglich jeden neuen Eintrag mit einer Flut intuitiven Schreibens, um keine Blockade aufkommen zu lassen. Wenn sie sich durch diese Übung erst einmal entspannt haben, fällt es ihnen leichter, offen auch über schwierige Themen zu schreiben.

Listen

Manchmal ist eine Schreibblockade durch das Gefühl, überlastet zu sein, entstanden. Zu viele Gedanken und Gefühle haben sich gesammelt, so dass in Ihrem Inneren ein gigantischer Stau entsteht: Nichts geht mehr. In diesem Fall sind Stichwortlisten hilfreich, in denen Sie mit einzelnen knappen Worten das Wichtigste auf die Seite bringen. Beim anschließenden Durchsehen der Liste können Sie sich dann auf das konzentrieren, was Ihnen am meisten Unbehagen bereitet – wahrscheinlich ist es auch das, was für Ihre Schreibblockade verantwortlich ist.

Entspannung

Körperliche Entspannung spielt eine wichtige Rolle bei der Entspannung des Geistes. Wenn Sie gelernt haben, sich zu entspannen und Ihrer inneren Stimme zu folgen, werden Sie vermutlich keine andere Technik brauchen, um Kreativität freizusetzen. Marion Milner hat verschiedene Entspannungstechniken bei ihrer Tagebucharbeit angewandt. In *A Life of One's Own* beschreibt sie: »Die Gegenwart mit meinem ganzen Körper zu erfahren anstatt nur mit der Spitze meines

Intellekts, führte zu allen möglichen neuen Erkenntnissen und einer ganz neuen Zufriedenheit. Ich begann zu ahnen, was es bedeutete, aus dem Herzen heraus und nicht aus dem Kopf heraus zu leben.«

Ob Sie Yoga, Laufen, Atmen, Duschen, Saunen oder andere Techniken anwenden, bleibt Ihnen überlassen. Ich habe festgestellt, dass mir Entspannungstechniken helfen. Ich stelle mir – im Sitzen oder Liegen – zum Beispiel vor, die Spannung aus meinem Körper herauszudrücken: Ich beginne mit dem Kopf und schiebe »die Spannung« immer tiefer bis über meine Zehen aus dem Körper heraus. Manchmal massiere ich mir anschließend die Füße, um wirklich auch den Rest der Spannung aus meinem Körper abzustreifen.

Auch mit geführter Imagination können Sie Entspannung erreichen: Stellen Sie sich einen friedlichen Ort vor, an dem Sie im Einklang mit sich und Ihrer Umgebung sind. Andere Autoren meditieren, indem sie sich auf ihren Atem, ein Licht oder auf die Stille konzentrieren als Vorbereitung auf das Schreiben. Die zehn Minuten, um Körper und Geist zu entspannen, sind keine Zeitverschwendung.

Eine weitere Methode, Schreibblockaden entgegenzuwirken, ist, sich kreative Energie zu leihen: indem Sie Musik hören, Kunstwerke betrachten, Poesie lesen. Anaïs Nin las häufig Proust oder Marguerite Young, damit deren Fließen des Bewusstseinsstroms Einfluss auf ihre eigene Arbeit nehmen konnte. Auf mich wirkt Nins Werk ebenso.

Sie können viel über das Zusammenwirken von Körper und Geist erfahren, wenn Sie vor oder während des Schreibens die verschiedenen Entspannungstechniken ausprobieren. Beobachten Sie beispielsweise Ihre Handschrift über längere Zeit, dann werden Sie bald die kleinsten Anzeichen von Spannung in der Art, wie Sie schreiben, entdecken – dann sollten Sie aufhören und versuchen, erst Ihren Körper zu lockern.

Sobald Sie entspannt sind, können Sie sich leichter auf Ihre innere Stimme und Ihre Stimmung einlassen. Marion Milner verglich das einmal mit dem Singen und dem Tonhalten. Als Kind hatte man sie damit aufgezogen, dass sie nicht singen konnte, und sie selbst hatte das jahrelang ebenfalls geglaubt. Als Erwachsene aber merkte sie irgendwann, dass sie den Ton hielt, sobald sie nur so vor sich hinsang, ohne darüber nachzudenken – wenn sie entspannt war und die Melodie auf sich wirken ließ. Sobald sie sich jedoch aufs Singen konzentrierte, ging es schief. Dasselbe gilt fürs Schreiben. Wenn Sie entspannen und Ihrer inneren Stimme lauschen, können die Worte fließen.

Beim Tagebuchschreiben können Sie lernen, dass Konzentration von Entspannung abhängt. Konzentration ist keine Frage des Willens, sondern des Vertrauens in sich selbst. Die Furcht vor Kritik und Beurteilung hemmt oder blockiert den Schreibfluss oder lässt langweilige, uninspirierte, gestelzte Prosa entstehen. Entspannen Sie sich, hören Sie auf Ihre innere Stimme, schreiben Sie auf, was Sie hören, dann hat die Schreibblockade bei Ihnen keine Chance.

9. Die Magie des Tagebuchs

MIT DER ZEIT bewirkt das Tagebuch etwas, das ich als persönliche Magie bezeichnen möchte. Tagebuchautoren folgen ihrer Intuition und ihren Gefühlen, und das sensibilisiert sie: Sie erkennen persönliche Strukturen, schicksalhafte Zufälle und prophetische Träume. Natürlich gibt es für diese intuitiven Fähigkeiten keine wissenschaftlichen Beweise; sie lassen sich eben nicht mit der Vernunft allein erklären. Dennoch berichten viele Tagebuchautoren, die seit längerer Zeit regelmäßig Tagebuch führen, von starken, intuitiven Wahrnehmungen, Vorahnungen und überraschenden Zufällen.

Synchronizität

Über längere Zeit hinweg nach sich wiederholenden persönlichen Strukturen zu fahnden und sie zu beobachten, lenkt die Aufmerksamkeit der Tagebuchautoren darauf, Synchronizität oder bedeutsame »Zufälle« in ihrem Leben deutlich zu erkennen. Synchronizität ist, wie Carl Jung es definiert, ein Zusammentreffen von Ereignissen in Zeit und Raum, das über einen Zufall hinausgeht. Eine synchronistische Erfahrung ist demnach eine Gleichzeitigkeit von Vorfällen, die eine besondere Bedeutung in der Psyche eines Individuums hat. Wie das Begreifen von Träumen, so kann die Wahrnehmung von Synchronizität dem Sinn des Lebens eine neue Tiefe verleihen, und das Tagebuch hilft Ihnen dabei, diese neue Ebene zu erkennen und zu verstehen.

Ich erinnere mich noch gut an den Nachmittag des 18. September 1975, als ich eine Drehbuchversion von Anaïs Nins »Hausboot« tippte und überlegte, ob ich dem Film die Rolle der Sabina hinzufügen sollte. Sabina ist eine Figur, die in vielen Werken Nins auftaucht, in »Hausboot« allerdings nicht namentlich.

Weil ich mich nicht entscheiden konnte, ging ich erst einmal mit den kleinen Nachbarsmädchen am Strand spazieren. Auf diesem Spaziergang trafen wir ein etwa gleichaltriges Mädchen, dem wir bisher noch nie begegnet waren. Ihr Name war Sabina, und sie war mit ihrem Vater, einem Filmproduzenten, unterwegs.

Kurz drauf bekam ich Besuch von einer Schauspielerin, die ich auf einer Party kennen gelernt hatte. Sie wusste nichts von meinem Interesse an Nins Werk, hatte jedoch einen Roman von Anaïs Nin dabei – *Haus des Inzest*. Während wir uns unterhielten, schlug sie plötzlich das Buch auf und zeigte auf eine Stelle, die mit »Sabina war nicht länger …« begann. Über Sabina hatten wir beide nie vorher geredet.

Dieses Zusammentreffen – meine Beschäftigung mit der Figur Sabinas, die Begegnung mit dem Mädchen am Strand, anschließend der Besuch der Schauspielerin, die mir das Buch zeigte, und dies alles innerhalb weniger Stunden – hatte für mich noch eine zusätzliche persönliche Bedeutung: Es stellte sich heraus, dass diese »Zufälle«, die ich selbstverständlich in meinem Tagebuch festhielt, später eine weitere Bedeutung in meinem Leben haben würden. Diese wenigen Stunden hatten, wie Carl Jung es nannte, eine »numinose« Qualität; sie waren mit innerer Bedeutung befrachtet. Seit diesem Erlebnis betrachte ich Synchronizität als »die hohe Kunst menschlicher Erfahrung«, denn sie hebt unvermittelt etwas mit besonderer Bedeutung aus dem Alltag hervor und kombiniert und komprimiert es auf eine Art, die unbedingte Aufmerksamkeit einfordert.

Manchmal werden synchronistische Ereignisse auch als Schicksal bezeichnet – wenn sie zwei Menschen zusammenführen, die später heiraten, oder wenn sie jemand seinem künftigen Lebenswerk näher bringen. Solche Zufälle sind fast wie persönliche Botschaften von Gott. Der Tagebuchautor hat die Möglichkeit, diese Botschaften aufzugreifen und zu bewahren, um sie später irgendwann in der Zukunft zu verstehen.

Doch nicht immer haben Zufälle die Bedeutung, die man in sie hineindeutet. Selbst C.G. Jung erkannte, dass die Synchronizität eine Trickbetrügerin sein kann, die Erwartungen weckt, die sich nicht erfüllen. Wenn mir jemand begeistert erzählen würde, er habe gerade daran gedacht, zum Abendessen Fisch zu machen, zufällig heute auch seine Halskette mit dem Fische-Anhänger getragen und in der Zeitung auf der ersten Seite ein Tiefseefoto mit vielen herrlich bunten Fischen gesehen hat, dann würde ich wahrscheinlich desinteressiert mit der Schulter zucken. Vielleicht wäre ich sogar etwas verärgert, dass diese Person so viel Getue um so ein albernes, zufälliges Zusammentreffen macht. Doch für die Person, die mir das erzählt hat, könnte das mehrfach auftauchende Bild des Fisches eine tiefe und weitreichende Bedeutung für ihr emotionales, spirituelles oder intellektuelles Leben haben.

Oftmals ist es wahrscheinlich besser, synchronistische Ereignisse ausschließlich dem Tagebuch mitzuteilen, statt sie jemandem zu erzählen, für den sie nichtssagend sind und dessen unbeteiligte Reaktion die Bedeutung für Sie möglicherweise schmälern könnte. Vergessen Sie nicht: Synchronizität ist meist nur für den Einzelnen innerhalb seines persönlichen Schicksals von Bedeutung, selten sind andere Menschen mitbeteiligt.

Vorherwissen: Prophetische Träume

Tagebücher sind manchmal der einzige Beweis dafür, dass manche Menschen tatsächlich in die Zukunft schauen können. Sie enthalten viele Beispiele für Träume oder Vorahnungen. In Tagebüchern finden sich Hinweise auf künftige Schlachten und Kriege, wichtige Ereignisse, bedeutsame Begegnungen mit bestimmten Menschen und Todesfälle – bevor diese Ereignisse tatsächlich eintrafen.

Tagebuchautoren erhalten solche Hinweise auf künftige Ereignisse meist in ihren Träumen, in denen die wissenschaftlichen, konventionellen Gesetze von Zeit und Raum ungültig sind. Sie träumen von einer neuen Bekanntschaft, einem Ort oder einem Ereignis, bevor sie es in der Wirklichkeit erleben. Eine Erklärung dafür könnte sein: Wer am Abend aufschreibt, was am Tag bedeutend für ihn war, und seinen Traum notiert, sobald er wach wird, kann leicht die Zusammenhänge zwischen Traum und Wirklichkeit erkennen. Selbst wenn

Traum und Ereignis Tage oder Wochen auseinander liegen, hat der Tagebuchautor seine schriftlichen Erinnerungen, die ihm ermöglichen, Verbindungen herzustellen.

Die Erfahrung zeigt, dass prophetische Träume oft etwas voraussagen, das einen oder zwei Tage später eintrifft. Doch manche Träume erzählen von etwas, das sich erst sehr viel später ereignen wird – Monate, manchmal sogar erst Jahre später.

Selbstverständlich muss man bei dem Gefühl, dass ein Traum prophetisch gewesen sein könnte, zurückhaltend sein. Der Beweis dafür im Tagebuch ist nicht wissenschaftlich begründet. Aber ich habe mit vielen Tagebuchautoren gearbeitet, die überzeugt davon waren, in ihren Träumen die Zukunft sehen zu können, und sie haben mir berichtet, was sie über ihre Gabe herausgefunden haben.

Die meisten meiner prophetischen Träume spielen an besonderen Orten oder stellen sich in Bildern dar, aber ich hatte auch Träume, die auf andere Art prophetisch waren. Es passiert mir zum Beispiel häufig, dass ich meine Reaktion auf ein Ereignis bereits in der Nacht zuvor erlebe. Deshalb kann ich auf die wirkliche Situation, wenn sie eintritt, gelassen reagieren – ich habe ja bereits im Traum heftig reagieren dürfen und das Erlebte im Tagebuch festgehalten.

Shirley Marcoux, eine Tagebuchautorin, erzählte mir, sie habe fast jede Nacht prophetische Träume. Sie verglich den Zusammenhang von Traum und Realität, indem sie beides im Tagebuch nebeneinander stellte. Hier einige Beispiele:

(Traum) Ich treffe einen mexikanisch-indianischen Mann, der ein weißes T-Shirt und Jeans trägt. Er hat Probleme mit dem Gesetz und sucht Unterschlupf. Ich bringe ihn zu Freunden (Cheryl und Dave), wo er sich verstecken kann. (2. April)
(Realität) Cheryl hat mir erzählt, dass sie einen Tag später denselben Traum hatte. Sie hat den Mann genauso beschrieben, wie er in meinem Traum aufgetreten ist. Die Situation war dieselbe. (4. April)
(Traum) Zwei Männer kommen ins Büro und wollen mich ausrauben. Ich renne ins Büro meines Chefs und hole eine Pistole aus der obersten Schublade in seinem Schreibtisch. Die zwei verschwinden. (4. November)

(Realität) Der Chef hat mich aus seinem Büro in L.A. angerufen und mich gebeten, nach Papieren in der obersten Schublade seines Schreibtischs zu sehen. Ich habe die Schublade aufgemacht und die Waffe gesehen. (5. November)

(Traum) Ich gehe durch eine Schlucht und an ein paar großen Holzstapeln vorbei. Dann sehe ich ein verschlossenes Tor. (28. April)

(Realität) Ich bin gewandert und irgendwann in einer Schlucht gelandet, die als Müllplatz zu dienen scheint; viel Holz ist hier abgeladen worden. Ich bin weitergegangen, bis mir ein abgeschlossenes Eisentor den Weg versperrte. (1. Mai)

(Traum) Ich rede mit einem Mädchen namens Cathy. Sie ist blond. (24. Juni)

(Realität) Beim Zelten in Big Sur habe ich ein blondes Mädchen kennen gelernt, die Cathy heißt. Wir haben uns lange unterhalten. (25. Juni)

Shirley glaubt an eine Verbindung, einen Zusammenhang, zwischen ihren Träumen und der Wirklichkeit als ein Mysterium, das man nicht unbedingt verstehen muss. Es gibt aber genug andere Tagebuchautoren, denen die Gabe, in ihren Träumen die Zukunft zu sehen, Angst macht. Vermutlich deshalb, weil Vorahnungen und Prophezeiungen in unserer Kultur nicht allgemein akzeptiert werden.

Traum und Leben als sich wechselseitig beeinflussende Beziehung zu akzeptieren, ist jedoch nicht weltfremd. Man kann sich innerer Mysterien bewusst sein und dennoch ganz realistisch sein. Der menschliche Geist ist dialektisch; er verlangt kein Entweder-oder.

Anaïs Nins Tagebücher zeigen, wie man in den zeitlosen Gefilden der Fantasie leben kann, ohne den Kontakt zur Realität oder die Verbindung zu anderen Menschen zu verlieren. Sie schreibt in ihrem Tagebuch (Band II):

Ich bin niemals abgetrennt von Mitleid, Mitgefühl oder Anteilnahme, auch wenn ich meinen eigenen Traum, meine innere Vision, meine Fantasien ohne Unterbrechung auslebe. Ich träume, ich küsse, ich habe Orgasmen, ich bin erregt, ich verlasse die Welt, ich schwebe, ich koche, ich nähe, habe Alpträume, schreibe im Kopf, komponiere, zersetze, improvisiere, erfinde.

Ich lausche allem. Ich höre alles, was gesagt wird. Ich fühle Spanien, ich bin bewusst, ich bin überall, ich bin offen für Wunden, offen für Liebe, ich wurzele in meiner Hingabe. Ich bin niemals abgetrennt, niemals abgeschnitten, niemals blind, taub, abwesend.

Das Gefühl, dass Tag und Traum parallel laufend sich ergänzen, muss die Intensität der Wirklichkeit nicht verringern. Im Gegenteil: Das Wissen macht sie essenzieller, bedeutungsvoller, magischer.

Leben in Vergangenheit und Zukunft

Im Tagebuch können Sie in der Fantasie durch die Zeit reisen. Wählen Sie ein Datum – zum Beispiel den 21. April 2121 – und beschreiben Sie Ihr Leben. Der folgende Eintrag stammt von einer Autorin, die sich an einer solchen Zeitreise versucht hat. Sie überließ es ihrer Intuition, ein Datum aus dem 18. Jhd. auszusuchen, und ließ sich anschließend treiben:

4. Januar 1794

Ich bin in London. Ich sehe Kähne, die die Themse hinunter fahren. Der Nachmittag ist trüb. Himmel, Wasser und die steinernen Brücken sind grau und lassen mich frösteln.
Ich trage eine Haube und einen Schirm. Ein Mann mit einem hohen schwarzen Hut kommt zu mir und nimmt meinen Arm.
Ich mache mir Sorgen über etwas. Er ist ein Freund, ein Ratgeber.
Jemand den ich liebe – Ehemann, Liebhaber – ist auf See oder in einem anderen Land. Mein Freund mit Zylinder hat Nachrichten von ihm.
»Marguerite«, sagt er, »du musst jetzt tapfer sein.«
Ich fürchte, dass ich ohnmächtig werde. Er hält meinen Arm.
»Ich will zu ihm«, sage ich selbstsicher.
Er ist auf einer Plantage, auf einer Insel. Will er, dass ich komme? Warum schickt er nicht nach mir?
»Marguerite, du musst vergessen.«
Eine Heirat ist arrangiert worden. Jemand aus ähnlicher Stellung. Ich bin

Gouvernante. Was kann ich tun? Ich bin verzweifelt. Mein Kummer treibt mich in den Wahnsinn.
Ich denke über den grausamen Frieden des Flusses nach, über das kalte Wasser. Ich wünschte, ich könnte dort Ruhe finden.

Die Autorin hat sich wie in Hypnose von dem gewählten Datum ganz in ein Leben in der Vergangenheit führen lassen. Wenn sie darin ihre Wünsche, Emotionen und Ängste projiziert, kann es eine Chance zu Selbsterkenntnis werden. So wie Sie Ihr eigener Therapeut, Ihr beratender Freund, Ihr Vater oder Ihre Mutter werden können, so können Sie auch Ihr eigenes Medium auf einer Zeitreise sein.

Zeitreisen können aber auch als kreatives Spiel mit therapeutischer Wirkung eingesetzt werden. Eine Frau zum Beispiel hörte lange Zeit eine innere Stimme, die immer wieder rief: »Ich will nach Hause.« Die Frau verstand nicht, was das bedeuten sollte, weil sie mit »Zuhause« weder den Ort verband, wo sie aufgewachsen war, noch die Wohnung, in der sie zu diesem Zeitpunkt lebte. Durch Intuition und Perspektivenwechsel fand sie zum Datum des 26. Dezember 1864. Anschließend schrieb sie auf, welche Bilder sie sah:

26. Dezember 1864

Ich bin ein Junge von ungefähr sieben Jahren. Ich warte auf meine Mutter. Zwei Männer halten mich an den Armen. Setzen mich in eine Kutsche. Fahren. Ich bin verwirrt. Ich weiß nicht, ob das alles seine Richtigkeit hat.
»Wo ist meine Mutter?«, frage ich.
»Wir bringen dich an einen besseren Ort«, sagen sie.
»Was für einen Ort?«
»Ein Land, wo es Leckereien und Bonbons gibt.« Ich werde sehr aufgeregt. Ich stelle mir das Land vor. Wir fahren stundenlang.
Endlich kommen wir an ein Landhaus.
»Ist es das?«, frage ich.
»Nein. Wir fahren bei Tageslicht hin«, antworten sie. Als ich erwache, bringt eine Frau mir eine Tasse Suppe.
»Wann sind wir denn im magischen Land?«, frage ich.

»Hier ist dein magisches Land.« Der eine gibt mir einen Lutscher. Ich sehe ihn an. Sein Gesicht ist faltig, unfreundlich, verzweifelt. Ich will nach Hause.
Ich beginne zu schreien. »Ich will nach Hause.«
»Sei still!«, sagen sie.
Ich schreie weiter. Einer von beiden schlägt mich.
»Ich will nach Hause«, wimmere ich.

Noch einmal: Ob diese Geschichte tatsächlich ein Ereignis aus einem früheren Leben wiedergibt, ist nicht so wichtig, sondern dass Sie sich von Intuition und Geist zu solchen Fantasien leiten lassen. Zeitreisen dieser Art scheinen auch eine psychologische Entspannungsfunktion zu haben. Nachdem die Frau ihre Vision von den Kindesentführern aufgeschrieben hatte, wurde sie nicht mehr von dieser inneren Stimme verfolgt.

Die Macht prophetischer Titel

Manche Menschen geben ihren Tagebüchern gleich zu Anfang einen Titel, so wie Anaïs Nin für jedes ihrer Originaltagebücher einen Namen fand. Eines nannte sie »Les mots flottant« – die fließenden Wörter. Während sie dieses Tagebuch führte, fand sie unerwartet ein Hausboot auf der Seine. Das veränderte ihr Schreiben, gab ihm eine fließende, schwimmende Qualität von außergewöhnlicher Leichtigkeit und Spontaneität. Dazu bemerkte sie in ihrem Tagebuch:

Tag und Nacht leckt der Fluss am Holz und schaukelt das Boot sanft. Ich habe ständig das Gefühl abzureisen. Was für ein seltsamer Zufall, dass ich auf die Titelseite dieses Buchs »Les mots flottants« geschrieben habe. Die fließenden Wörter. Eine Prophezeiung.

Ich habe meinen Tagebüchern immer schon Titel gegeben, noch bevor ich ein einziges Wort hineinschrieb, und es scheint, als wenn der Titel des Buchs vorhersagt, was ich in der Zeit, in der ich in das Buch schreibe, erlebe und erfahre. Der Titel lenkt und beeinflusst meine Suche nach mir selbst, und daher finde ich auch, wonach ich suche.

Anfangs waren meine Tagebuchnamen eher allgemeine, alternative Bezeichnungen für »Tagebuch« – ich nannte eines zum Beispiel »Spiegelbuch«. Dann wuchs mein Interesse für die Zeit, was ganz typisch für Tagebuchautoren ist. Ich wusste, dass Mystiker die Zeit als Zyklus auffassen, aber ich hatte sie nie so erfahren. Ich wünschte es mir aber sehnlichst, und so betitelte ich mein nächstes Buch als »Das Zeitbuch« und malte auf den Umschlag einen Kreis mit einem Punkt in der Mitte. Es war, als hätte sich dadurch meine Konzentration auf das Thema verstärkt, denn in den eineinhalb Jahren, die ich in dieses Tagebuch schrieb, fand ich alles, was ich über Zeit wissen wollte, heraus und noch einiges mehr. Ich notierte das, was ich auch in andere Bücher geschrieben hatte, aber zusätzlich kamen auch Zitate aus Texten über die Relativität von Zeit hinzu ebenso wie Erkenntnisse und Einsichten, die ich im Laufe der Wochen und Monate hatte. Eines Tages brachte eine Zeile aus Walt Whitmans *Gesang von mir selbst* den Durchbruch:

Ich rede nicht vom Anfang oder Ende
Nie war mehr Anfang als jetzt

Nachdem ich mich im Tagebuch so lange darauf vorbereitet hatte, waren diese Gedichtzeilen nun für mich das fehlende Bindeglied zum Verständnis von Zeit als Einheit, als Zyklus, als wiederkehrende Erfahrung.

Titel, die dem Tagebuch eine bestimmte Richtung geben, haben aber nicht immer positive Wirkung. Eine Autorin hatte ihr Buch »Die bittere Frucht der Selbsterkenntnis« genannt. Als sie das Buch beendete, schrieb sie:

Wie dumm von mir, das Buch so zu nennen. Das ist genau, was es geworden ist. Wieso habe ich es nicht »Die köstliche Frucht« genannt? Ich hätte genauso viel über mich erfahren, dabei aber weit mehr Spaß haben können.

Tagebuchtitel können zu selbsterfüllenden Prophezeiungen werden, weil der Autor eine Erwartung aufbaut und sich manchmal unbewusst an diesem Titel orientiert. Deshalb sollte jeder, der seinem Tagebuch gleich zu Beginn einen Namen gibt, bedenken: Überlege den Titel gut, er könnte Wirklichkeit werden, oder: Pass auf, was du dir wünschst, denn du könntest es bekommen.

Durch Synchronizität und prophetische Träume, durch Zeitreisen und Tagebuchtitel können Sie etwas wie einen »sechsten Sinn« entwickeln. Allerdings können Menschen mit starken Empfindungen, bevor ihre Fähigkeit, die eigene Intuition richtig zu deuten, ganz entwickelt ist, bei der Interpretation irren. Selbst Menschen, die sehr intuitiv handeln, vereinfachen dabei die Botschaft, die sie einseitig entweder nur positiv oder nur negativ deuten oder sich so zurechtlegen, dass sie zu ihrer derzeitigen Situation passt. Es braucht Jahre aufmerksamer Beobachtung, Erfahrung und Geduld, um Intuitionen richtig zu verstehen. Das Tagebuch ist dabei eine große Hilfe.

10. Die Lektüre Ihres Lebens

NATURWISSENSCHAFTLER nutzen Tagebücher, um Veränderungen und Entwicklungen eines lebenden Organismus innerhalb bestimmter Zeitspannen zu dokumentieren. Ein Botaniker zum Beispiel notiert vielleicht im Tagebuch das Wachstum bestimmter Pflanzengruppen, ihre Reaktion bei unterschiedlichem Lichteinfall, und stellt Farbveränderungen fest. Anschließend liest er seine Einträge nach, und es fallen ihm bestimmte Strukturen auf, die sich als Schlüssel zu bestimmten Erkenntnissen über die jeweilige Spezies erweisen. Auf die gleiche Weise kann auch ein Tagebuchautor Strukturen und Muster in seinem Leben entdecken, wenn er seine Einträge nach Wochen, Monaten oder Jahren nochmals im Ganzen liest.

Er erkennt direkte Verbindungen, komplizierte Vernetzungen und wiederkehrende Themen, die Teil seiner Persönlichkeit sind, und er sieht im Rückblick, wie sich der Plot seines Lebens mit der Zeit entwickelt hat. So wie man den eigenen Fußspuren im Sand folgen kann, so kann man auf den Seiten seines Tagebuchs der Fährte seines Lebens nachspüren und erfährt mehr über sich, lernt sich besser kennen. Auf den Seiten findet man Erinnerungen wieder, die sonst vielleicht für immer verloren wären. Gehen Sie aber mit Toleranz und ohne zu hohe Erwartungen an Ihre Lektüre. Akzeptieren Sie den Menschen, den Sie in Ihren früheren Tagebüchern wiederfinden.

Die Vorbereitung und ihr Nutzen

Tagebücher zeigen die Menschen hinter ihrer Fassade, ohne den Schutz von Image, Persönlichkeits-Make-up und gesellschaftlicher Stellung. Alle Autoren sind hinter ihrer Fassade verletzlich, voller Fehler und manchmal linkisch, kindisch oder gemein. Deshalb ist es gut, wenn Sie sich selbst beim Lesen ein bisschen Freund, Therapeut oder Berater sein können. Bringen Sie der Person im Tagebuch Mitgefühl, Toleranz und Geduld entgegen – kein Mitleid und kein Urteil.

Lesen Sie mit einem Blick für Ihre Fortschritte, Ihre Entwicklung. Seien Sie sich bewusst, dass Sie heute nicht mehr die Person sind, die Sie früher waren. Aus der Distanz sind Sie in der Lage, Ereignisse und Erfahrungen von einem objektiveren Standpunkt aus wahrzunehmen.

Ein Tagebuch ganz zu lesen, hilft, wenn Sie das Gefühl haben, dass Ihr Leben stagniert, dass eine Phase Ihres Lebens zu Ende geht und eine neue beginnt. In einer solchen Situation kann das Lesen früherer Tagebücher Ihnen Ihre Ziele verdeutlichen und ein klareres Bild der Entwicklung geben.

Tagebuchautoren lesen ihre Bücher oft mehrfach und aus unterschiedlichen Gründen. Häufig liest man einen Eintrag nochmals direkt nach dem Schreiben und gewinnt Klarheit bei einem Problem, das bisher verwirrend war. Vielleicht fügt der Autor dem Eintrag dann noch einen Abschnitt hinzu, in dem er seine Erkenntnisse festhält und weiterentwickelt. Manche Autoren lesen, bevor sie in ihr Tagebuch schreiben, erst die letzten vier oder fünf Einträge nach, um ein Gefühl für ihren derzeitigen Lebenszyklus zu bekommen. Manchmal erkennt man in einer Folge von Träumen ein Muster und begreift, dass man sich gerade in einem Übergangsstadium befindet oder dass man seit einiger Zeit einem Thema aus dem Weg geht, das sich ständig mehr in den Vordergrund drängt.

Manche Menschen lesen ihr Tagebuch immer am Jahresende, andere, wenn sie ein Buch beendet haben und das nächste beginnen wollen. Nehmen Sie sich für das Lesen genügend Zeit, um besondere Ereignisse und deren Einfluss auf Ihr Leben zu verstehen.

Lesen Sie chronologisch mit der Vergangenheit als Führer. Dann können Sie einzelne Lebensphasen miteinander vergleichen und innere Entwicklung und Veränderung erkennen.

Anaïs Nin schreibt dazu in ihrem Tagebuch (Band II):

Es gibt keine eine einzige große, kosmische Bedeutung für alle, es gibt nur die Bedeutung, die jeder von uns seinem Leben verleiht, eine individuelle Bedeutung, ein individueller Handlungsablauf, wie ein individueller Roman, ein Buch für jeden Menschen.

Bei meinen Recherchen zu diesem Buch habe ich viele Menschen darum gebeten, ihre Tagebücher von Anfang bis Ende lesen zu dürfen, um Beispiele zu finden. Die meisten reagierten großzügig auf meine Anfrage, und innerhalb weniger Tage erhielt ich eine große Zahl kopierter Tagebuchseiten, denen oft eine Bemerkung wie diese beigelegt war:

Vielen Dank, dass Sie mir einen Grund gegeben haben, alle meine Tagebücher nochmals zu lesen. Ich hatte so viel vergessen, was ich nie vergessen wollte! Manchmal fühlte ich mich nicht so gut beim Lesen, weil ich negative Strömungen entdeckte, die sich auch heute noch durch mein Leben ziehen, oder Fehler, die ich immer wieder begehe. Aber ich fand auch Kluges und Ehrlichkeit, die ich mir nicht zugetraut hätte. Gefühle oder Träume, die mich damals verwirrt hatten, verstand ich plötzlich. Mir war, als ob ich das Schicksal erkannte, das mein Leben gezeichnet hat. Ich habe mich oft selbst getäuscht, war blind für Dinge, die mir jetzt im Rückblick so klar erscheinen. Aber ich konnte auch Entwicklung feststellen.

Wie Sie sehen, kann das Tagebuchlesen eine intensive Erfahrung sein, aber auch Unbehagen erzeugen. Vielleicht durchleben Sie nicht nur Freude, sondern auch Schmerz und Kummer neu: Verwirrung, Liebe, Verzweiflung, Neid, Hass und Leidenschaft, Chaos und Glück.

Vielleicht sehen Sie auch Charakterzüge, die Sie sonst vor sich selbst und anderen verbergen, und sind darüber schockiert, peinlich berührt oder entsetzt. Manchmal gesteht mir ein Tagebuchautor, dass er seine alten Einträge als Beweis »gegen sich verwendet« – dafür, dass er unfähig oder wertlos sei. Wenn Sie aber Ihr Tagebuch dazu benutzen, sich selbst zu verurteilen, dann werden Sie das vermutlich auch in anderen Bereichen Ihres Lebens tun. Das Tagebuchlesen soll Sie jedoch dahin führen, sich selbst, so wie Sie sind, anzunehmen und sich selbst zu akzeptieren.

Manche Menschen vergessen beim Lesen alter Tagebücher, dass sie Dokumente einer laufenden Entwicklung sind, kein fertiges, abgeschlossenes Produkt. Autoren, die beim Lesen feststellen, sie könnten nicht schreiben oder sie seien »schlechte Menschen« mit »kranken Gedanken«, sollten bedenken, dass ihre vermeintliche »Krankheit« möglicherweise nur deshalb im Tagebuch sichtbar wird, weil Sie sie im Alltag nicht zeigen; dass boshafte Gedanken im Tagebuch ausgesprochen werden, weil man sie dort an einem sicheren Ort aufgehoben sind, wo man aussprechen darf, was sonst verboten ist. Ein Tagebuch, in dem der Autor alles aufschreibt, was er seinen Mitmenschen nicht zumuten möchte und was sich trist, negativ oder frustrierend anhört, kann ein wertvolles kathartisches Werkzeug sein. Stark fragmentarische, chaotische oder emotional belastete Tagebücher sind vielleicht ein Schritt zu Entspannung und innerem Gleichgewicht.

Wenn Sie beim Lesen Ihres Tagebuchs entdecken, was Sie an Ihrem Leben, an sich selbst und den äußeren Umständen verbessern können, haben Sie bereits damit begonnen. Der Mann zum Beispiel, der immer wieder Entscheidungen ausschließlich nach finanziellen Gesichtspunkten fällt und sich später darüber ärgert, andere Werte ignoriert zu haben, entdeckt dieses Verhaltensmuster beim Lesen und kann sich erstmals dagegen wehren. Solche Muster werden nicht dadurch erkennbar, dass der Autor sie offen dargestellt hat, sondern weil Menschen dazu neigen, das aufzuschreiben, was sie in ihrem Leben belastet und wofür sie noch keine Lösung gefunden haben.

Ein anderes Beispiel: die Frau, die ständig die Verantwortung für ihre Entscheidungen und ihr ganzes Leben auf andere abzuschieben versucht. Auch sie wird beim Lesen ihrer Tagebuchbeschreibungen auf diesen ihr eigenen Charakterzug stoßen, immer wieder anderen Menschen die Schuld für ihre täglichen Frustrationen zu geben. Dieses Charakteristikum offenbart sich in häufigen Tagträumen und sogar im Schreibstil der Autorin, wo sie regelmäßig Passivstrukturen verwendet und das Personalpronomen »Ich« vermeidet. Solche individuellen Strukturen sind leicht beim Nachlesen im Tagebuch zu erkennen, weil besonders beim spontanen Schreiben sich unbewusst die Wahrheit zeigt.

Obwohl Sie trotz dieser Erkenntnis möglicherweise weiter denken und handeln wie zuvor, beobachten Sie sich nun selbst genauer, wenn Sie Ihre Einträge nachlesen. Sie erkennen Ihre Denkmuster leichter. Und so finden sich in Ihren Einträgen plötzlich Sätze wie: »Ich kritisiere mich schon wieder auf so eine unfaire Art«, oder: »Lieber Himmel, »Ich« schon wieder – wieso kann ich nur nicht damit aufhören!«

Sie fühlen sich vielleicht hin- und hergerissen zwischen Ihrem Bedürfnis nach Veränderung und der Beharrlichkeit alter Gewohnheiten. Vielleicht fühlen Sie sich abgestoßen von Dingen, die Sie immer wieder bei sich beobachten. Aber gerade das ist es, was Sie dazu bringt, sich endlich doch irgendwann zu ändern: wenn Sie es nämlich satt haben, im Tagebuch immer wieder denselben Verhaltensmustern zu begegnen.

Selbsterkenntnis, Veränderung und Entwicklung sind also die Konsequenz aus spontanem Schreiben und späterem Lesen. Sie beginnen, Ihr Leben zu verstehen, und entwickeln die Fähigkeit, seine Richtung aktiv zu bestimmen.

Was das Tagebuch noch verrät

Das Tagebuch ermöglicht Selbsterkenntnis und Selbstverständnis – durch Ihre eigenen Worte, durch das, was Sie schreiben und wie Sie es schreiben.

Sie können aber noch mehr über sich selbst erfahren, wenn Sie die folgenden Fragen ansehen:

- charakteristische Wörter
- Inhalt und
- Tendenzen und Muster.

Durch Ihre Antworten erfahren Sie, wie die Sprache Ihr Denken und Handeln beeinflusst und wie Sie die Realität begreifen oder begreifen wollen.

Charakteristische Wörter

1. Etikettieren Sie Menschen? Nennen Sie Rechtsanwälte »Rechtsverdreher« oder die Frau von schräg gegenüber »die Zicke«, statt sie als Persönlichkeit zu akzeptieren?
2. Verwenden Sie selten das Wort »Ich«? Wenn Sie nicht einen Großteil Ihrer Sätze mit »Ich« beginnen, könnte das darauf hindeuten, dass Sie persönlicher Verantwortung für Gedanken, Gefühle und Taten aus dem Weg gehen.
3. Entdecken Sie in Ihren Einträgen Ausrutscher oder falsche Schreibweisen, so genannte Freud'sche Fehlleistungen, die auf eine unbewusste »Steuerung« hindeuten?
4. Verwenden Sie oft Wörter wie »immer«, »nie«, »dumm«, »sollte«, »müsste« oder abwertende Bemerkungen wie »Wie kann man nur!« oder »Nicht schon wieder« oder »Gott, die/der Arme!«? Solche absoluten Begriffe oder Urteile sind oft ein Zeichen dafür, dass ein Teil von Ihnen Schuldgefühle weckt. In der Transaktionsanalyse ist es die strenge Stimme des »Erwachsenen«. Lernen Sie, diese Stimme in Ihrem Tagebuch zu identifizieren.
5. Verwenden Sie häufig »Ich wünschte«, »Ich möchte«, »Ist mir egal, ob«, »Ich weiß nicht« oder Superlative wie »das Beste« oder »am schlimmsten«? In der Transaktionsanalyse sind das Hinweise auf das »Kind«. Das Kind-Ich in Ihrem Tagebuch zu entdecken, hilft Ihnen, das innere Kind in sich selbst kennen zu lernen.
   Eine Tagebuchautorin las ihren Eintrag einige Zeit später:

Ich wünschte, er würde seine Liebe beweisen können. Wenn ich krank werden würde – würde er dann endlich mal ernst sein, mich angucken, sich entschuldigen und mir sagen, wie sehr er mich liebt? Ich will, dass er mir zeigt, was er fühlt.

Neben diesem Eintrag notierte sie, als sie ihn nochmals gelesen hatte: »Hier spricht das Kind.« Und tatsächlich ist es kindliches Verhalten, jedes Bedürfnis sofort befriedigen zu wollen und trotzig zu reagieren, wenn es nicht funktioniert.

6. Stellen Sie sich Fragen im Tagebuch, ohne auf absoluten oder vereinfachten Antworten zu bestehen? Ein Beispiel:

   Ich finde Deb so materialistisch, egoistisch. Liegt es vielleicht an einer gewissen Enttäuschung, dass sie sich nicht zu dem Traum entwickelt hat, den ich in ihr sehen wollte? Entdecke ich etwas von mir in ihr?

Solche nachdenklichen Fragen sind charakteristisch für den reflektierenden »Erwachsenen«. Er benutzt Begriffe, die Verantwortungsbewusstsein, Zögern und Zurückhaltung ausdrücken wie »vielleicht«, »wahrscheinlich« oder »Ich glaube«, »Ich denke«, »Meiner Meinung nach«.

Inhalt der Einträge

7. Bringen Sie Ihre Gefühle zu Papier, oder verstecken Sie sie sogar vor sich selbst?
8. Haben Sie Geheimnisse vor Ihrem Tagebuch? Warum? Und was ist es, das Sie nicht aufschreiben möchten?
9. Konzentrieren Sie sich auf Erinnerungen an die Vergangenheit und Wünsche für die Zukunft, gehen jedoch der Gegenwart aus dem Weg?
10. Schreiben Sie Träume auf? Wenn ja, welche Beziehung erkennen Sie zwischen Traum und dem Tag?
11. Entspricht Ihre Erinnerung an die Vergangenheit mehr oder weniger dem, was Sie im Tagebuch festgehalten haben?
12. Gibt es inhaltlich auffällige Unterschiede zwischen Ihrem jetzigen und früheren Tagebüchern? Wie würden Sie die inhaltlichen Unterschiede charakterisieren?
13. Was würden Sie in Ihrem nächsten Tagebuch ändern (wenn überhaupt)?

Tendenzen und Verhaltensmuster

14. Stellen Sie fest, dass Sie bei einem bestimmten Thema nicht weiterkommen? Enthält Ihr Tagebuch emotionale Reaktionen, die sich wiederholen und die Sie am liebsten ändern würden?
15. Erkennen Sie destruktive Denkmuster?
16. Besteht ein wesentlicher Unterschied zwischen dem, was Sie im Tagebuch über jemanden schreiben, und dem, wie Sie sich dieser Person gegenüber verhalten? Falls ja, könnten Sie im Tagebuch darüber nachdenken, wie sich die Beziehung offener gestalten lässt.
17. Tauchen im Tagebuch Schuldgefühle und schlechtes Gewissen immer in einem bestimmten Zusammenhang auf?
18. Haben Sie öfter körperliche Beschwerden, wenn Sie in einer besonderen Stimmung sind?
19. Beschreiben Sie schöne Augenblicke ebenso regelmäßig wie negative Stimmungen?
20. Welche Stärken erkennen Sie bei sich? Welche würden Sie gerne fördern?
21. Was mögen Sie an sich in Ihrem Tagebuch? Welche Charaktereigenschaften gefallen Ihnen?

Sicher können Sie noch weitere eigene Fragen hinzufügen, während Sie lesen, aber vergessen Sie nicht, dass das Lesen von Tagebüchern kein ausschließlich intellektueller Vorgang ist. In früheren Tagebüchern begegnen Sie dem Menschen, der Sie in der Vergangenheit waren, und finden emotional eine Verbindung zu Ihrem gegenwärtigen Ich.

Zusammenfassung und Ausblick auf das nächste Buch

Nachdem Sie Ihr Tagebuch gelesen haben, nehmen Sie sich Zeit, über den Inhalt nachzudenken – ohne sich unnötig mit Fragen zu quälen. Lassen Sie Gedanken und Gefühle in Ihr Bewusstsein dringen und beschreiben Sie sie. Zum Beispiel: »Früher war ich ziemlich radikal. Heute geht es sanfter zu. Und das gefällt mir.«

Wenn Sie jeweils zum Ende Ihres Tagebuchs ein paar Seiten für Anmerkungen für Gedanken und Assoziationen freilassen, erhält jeder Band einen zusätzlichen Wert des Rückblicks und der Interpretation. Und daraus kann sich eine neue Richtung für Ihr nächstes Tagebuch ergeben.

Eine Autorin fand folgende Zusammenfassung für ihr Buch:

Das Buch durchgelesen. Die Texte im Ganzen betrachtet werden schlechter. Zu viele Experimente ohne zusammenhängendes Erzählen, um den Fluss meines Lebens zu tragen, um einen Sinn darin auszumachen. Ich entdecke wenig Verletzlichkeit in diesem Buch. Dafür Misstrauen mir selbst gegenüber. So viele Dialoge, so viel Traumarbeit zeigt die Mühe und auch die Manipulation, als ob ich das Vertrauen in den Verlauf, in das Fließen meiner eigenen Entwicklung verloren habe.
Ich finde viel Wut, viel Frustration in diesem Band, den ich vor kurzem beendet habe. Selbst die Handschrift ist hässlich und angestrengt, wenn man sie mit der Klarheit und Schlichtheit im vorigen Buch vergleicht.

Durch ihre Unzufriedenheit mit dem beendeten Tagebuch entscheidet die Autorin, dass sie im nächsten mehr Verletzlichkeit zulassen und weniger manipulieren will. Wahrscheinlich wird sie mehr Spontaneität und weniger neue Tagebuchtechniken einsetzen. Eine Zusammenfassung als Überblick am Ende des Tagebuchs ist gleichzeitig Abschluss und Vorbereitung auf das nächste Buch – und die nächste Entwicklungsphase im Leben der Tagebuchautorin.

Ein anderer Autor erkannte nach der Lektüre seines Tagebuchs, was er im nächsten Buch besser machen will. Er schloss das Buch mit den eigenen »Regeln zum Wachsen«:

Als Erstes und am allerwichtigsten: Hör auf, dich selbst zu bemitleiden!
Das Selbstmitleid zeigt sich auf sehr verschiedene Art. Pass gut auf, am besten das Selbstmitleid schon im Keim ersticken. Beobachte dich genau, bevor du ihm nachgibst.
Typische Anzeichen sind zum Beispiel:
Du wartest geradezu darauf, verletzt zu werden.
Du vergleichst dich mit anderen.
Du lebst in der Schönheit der Vergangenheit. Du vergleichst alles mit der so viel besseren Vergangenheit.
Du gibst immer anderen die Schuld (– aber nur sehr selten tut jemand einem anderen mit Absicht weh.)
Du übernimmst nicht die volle Verantwortung für dein Denken und Handeln.
Du gibst anderen ein schlechtes Gewissen, weil sie dich angeblich »in deiner Entwicklung behindern«. (In Wirklichkeit bist du es selbst und benutzt die anderen nur als Ausrede.)
Du willst angeblich niemandem weh tun (aber die indirekten Hiebe, die du austeilst, sind viel schmerzhafter.)
Du glaubst, dass Entwicklung schmerzhafter ist als Stillstand.
Du verzichtest auf Spaß und Freude im Namen deiner persönlichen Entwicklung.

Hier scheint es, als hätte das weise Ich des Autors die Liste geschrieben und ihm klare Richtlinien für seine weitere Entwicklung gegeben. Diese Erkenntnisse entstanden allein durch Selbstbeobachtung und die Einsicht, was ihn glücklich oder unglücklich macht.

Eine Autorin fasst ihr Tagebuch wie folgt zusammen:

Im Augenblick des Todes erinnert man sich an sein gesamtes Leben. Das Ende eines Tagebuchs ist wie eine Art Tod, und um mich darauf vorzubereiten, lese ich alles noch einmal. Am Anfang erkenne ich noch die Bemühungen, mich als Autor zurechtzufinden, doch zur Mitte hin werden die Einträge zusammenhängend, ernsthaft, gut ausgearbeitet. Da gefalle ich mir.
Seltsamerweise werden die Einträge bruchstückhafter, als S. bei mir einzieht, und ich erkenne einen schrittweisen Verfall meiner Werte und Prin-

zipien. Ich weiß noch, dass ich mich fühlte, als sei ich in einen Brunnen gefallen und sei darin sehr unglücklich. Aber jetzt, wo ich das Buch wieder gelesen habe, erkenne ich, dass ich einem anderen Weg gefolgt bin.

Diese Zusammenfassung macht den Nutzen erkennbar, den das Lesen des beendeten Tagebuchs bringt: Weil die Autorin in ihrem Buch einen Abschnitt ihres Lebens mit zeitlichem Abstand gesehen hat, konnte sie erkennen, dass sie doch nicht so unglücklich gewesen war, wie sie angenommen hatte. Sie fand einen Teil von sich, der ihr gefiel und auf den sie sich im nächsten Buch beziehen konnte.

Je länger man ein Tagebuch führt, um so eher scheint man mit dem Ergebnis zufrieden zu sein. Virginia Woolf musste viele Tagebücher schreiben, die ihr missfielen, bis sie den Stil fand, mit dem sie zufrieden war. Sie schreibt in einer Zusammenfassung:

Ostersonntag, 20. April 1919

In jenem Müßiggang [...] *habe ich dieses Tagebuch hervorgeholt und lese das Selbstgeschriebene so, wie man das immer tut, mit einer Art schuldbewusster Intensität. Ich gestehe, dass der mehr schlechte als rechte Stil, oft so ungrammatisch, der danach schreit, dass man ein Wort verändert, mir ziemlich zusetzte. Ich versuche dem Ich, das dies einmal lesen wird, zu erklären, dass ich sehr viel besser schreiben kann; mir nur nicht die Zeit für dieses hier nehme; und verbiete ihm, dies einer Menschenseele zu zeigen. Und nun kann ich mein kleines Kompliment hinzufügen und feststellen, dass es eine ungestüme Lebhaftigkeit hat und manchmal unerwartet ins Schwarze trifft. Aber wichtiger noch ist meine Überzeugung, dass die Angewohnheit, nur für mich selbst zu schreiben, eine gute Übung ist. Es lockert die Bänder. Es macht nichts, wenn es Fehlschüsse gibt und Ausrutscher* [...].

Die Hauptsache scheint mir zu sein, während ich meine alten Tagebücher wieder lese, dass ich nicht die Rolle des Zensors spiele, sondern je nach Stimmung schreibe oder eben von etwas, was sich gerade anbietet. Denn es machte mich neugierig zu sehen, wie ich die Sachen angepackt habe, die zufällig hineingerieten, und ich entdeckte, dass ihre Bedeutung in etwas lag, was ich damals nicht erkannt hatte.

Die Bedeutung dessen, was die Autorin hier aufs Geratewohl festgehalten hat, wurde später deutlich, als sie die Einträge noch einmal las. Gerade die Unbekümmertheit, sich nicht darum zu sorgen, was alles im Tagebuch landet – indem man sich erlaubt, spontan und unzensiert zu schreiben –, macht das persönliche Buch zu etwas, das zusätzliche Bedeutung entwickelt. In dieser Zusammenfassung erkennt Virginia Woolf den Nutzen ihres chaotischen Stils und ermutigt sich, in den folgenden Büchern auf gleiche Art weiterzuschreiben.

Aus einer anderen Perspektive lesen – eine Erfahrung der »emotionalen Relativität«

Die abschließende Zusammenfassung eines Lebensabschnitts im Tagebuch kann manchmal ein Schock sein, – wenn die Diskrepanz zwischen der Erinnerung und den Einträgen, die Ihre Stimmungen von damals wiedergeben, groß ist.

Lesen Sie Ihre Einträge von Zeit zu Zeit immer wieder und machen Sie sich Anmerkungen dazu, dann können Sie erkennen, wie sehr sich Ihre Einstellung mit der Zeit verändert und Ihre Interpretation beeinflusst.

Wenn Sie Ihre Tagebucheinträge zu verschiedenen Zeiten lesen, entwickelt sich Ihr Bewusstsein für das, was ich »emotionale Relativität« nenne. Sie erkennen, dass nichts absolut ist – Ihre Ansichten und Meinungen nicht. Sie erleben, je nachdem in welcher Lage Sie emotional gerade sind, starke Veränderungen in der Beurteilung und Wahrnehmung der Realität. Emotionen und Ängste, die Ihnen früher bedrohlich oder unüberwindlich vorkamen, können irgendwann unwichtig werden. Was einmal unerklärlich war, hat plötzlich eine tiefere Bedeutung. Ob Sie sich als Gewinner oder Verlierer, Ihr Leben als erfüllt oder als Fehlschlag empfinden, ist abhängig von Ihrer Einstellung zum jeweiligen Zeitpunkt, an dem Sie Ihr Tagebuch nochmals lesen.

Eine Zusammenfassung, die Anne Frank nach dem Lesen ihres Tagebuchs schrieb, erklärt, wie sich die persönliche Einstellung im Laufe der Zeit verändert:

Sonntag, 2. Januar 1944

Liebe Kitty,
als ich heute Morgen nicht viel zu tun hatte, blätterte ich ein bisschen durch mein Tagebuch und stieß ein paarmal auf Briefe, die mit dem Thema »Mama« so heftig umgingen, dass ich ziemlich schockiert war und mich fragte: »Anne, bist du das wirklich gewesen, die von Hass geredet hat? Oh, Anne, wie kannst du nur!« Ich saß da mit dem offenen Buch in der Hand und dachte darüber nach, wie es sein konnte, dass ich bis zum Rand voll mit Wut und wirklich so etwas wie Hass gewesen bin, dass ich dir das unbedingt alles anvertrauen musste. Ich habe mir Mühe gegeben, die Anne von vor einem Jahr zu verstehen und zu entschuldigen, weil mein Gewissen nicht unbelastet ist, solange diese Anschuldigungen noch im Raum stehen und ich nicht erklärt habe, wie es rückblickend alles geschehen sein muss.
Ich leide – und litt – unter Launen, die sozusagen meinen Kopf unter Wasser drückten und mir alles nur ganz subjektiv zu sehen erlaubten, ohne es mir möglich zu machen, auch die Worte der anderen Partei zu überdenken, und bei dem, was ich tat, an die zu denken, die ich mit meinem hitzigen Temperament verletzt oder unglücklich gemacht habe. Ich versteckte mich in mir selbst, dachte ausschließlich an mich selbst und schrieb all meine Freude, meinen Kummer und meine Verachtung in mein Tagebuch. Dieses Buch bedeutet mir sehr viel, weil es wertvolle Erinnerungen enthält, aber unter viele Seiten könnte ich ganz bestimmt auch »es war einmal und ist nicht mehr« setzen.

Annes philosophische Distanz von ihrem Zorn ist nicht mehr oder weniger »wahr« als ihr temperamentvoller Hass auf die Mutter. Jeder Eintrag gibt die Wahrheit des Augenblicks wieder. Erneutes Lesen fördert Selbsterkenntnis und Reflexion und legt die Perspektive fest, entkräftet aber keinesfalls die Aufrichtigkeit, mit der zu dem jeweiligen Zeitpunkt geschrieben wurde. Vielleicht hätte Anne, wenn sie überlebt hätte, diese Einträge viel später noch einmal gelesen und festgestellt, dass ihr damaliger Zorn durchaus berechtigt gewesen war.

Wenn Sie sich der Relativität Ihrer Emotionen und Einstellungen gewahr werden, entwickeln Sie eine gewisse Nüchternheit in Ihrer

Betrachtungsweise – ein wichtiger Aspekt der Reife. Dann können Sie durch das Lesen Ihrer beendeten Tagebücher Ihrem früheren Ich begegnen und »sich mit sich selbst vergleichen«. Wie in diesem Eintrag beispielsweise: »Wenn ich mein Tagebuch noch einmal lese, stelle ich fest, dass ich heute viel risikoscheuer bin als früher. Wie kommt das?« Oder wenn es darum geht, sich mit anderen zu vergleichen, wie hier: »Er ist in der *Newsweek* angeführt. Wieso haben sie ihn zitiert und mich nicht einmal erwähnt?« – Oder: »Toll, sie hat die Traumfigur und ich einen Hintern wie ein Pferd.«

Inneres Gleichgewicht durch literarisches Gleichgewicht

Wie Sie sich durch Ihr Tagebuch positiv entwickeln, hängt davon ab, wie eng Ihre Beziehung zum Schreiben ist. Wenn Sie sich verändern, ändert sich Ihre Art zu schreiben; und wenn Sie klarer formulieren, Sie Ihre Art zu schreiben verändern, scheint sich auch Ihre Wahrnehmung zu verändern. Stellen Sie fest, dass Sie gern übertreiben, achten Sie bewusst darauf, sparsamer mit den Superlativen umzugehen. Vieles ist eben nicht *am besten* oder *am schlimmsten*, sondern eher etwas dazwischen. Sie beginnen in subtileren Nuancen zu denken, wenn Sie eine Erfahrung bewerten, und werden für Ihre Beschreibungen sensibilisiert. Die Veränderung der Persönlichkeit verändert Ihren Stil und Ihr Schreiben, beides ergänzt und verstärkt sich gegenseitig.

Einmal hörte ich den Poeten Robert Bly sagen, dass das Gleichgewicht im Schreiben dem Konzept von C.G. Jung über das Gleichgewicht des Bewusstseins entspricht. Laut Jung existieren in jedem Menschen vier Wahrnehmungstypen – Gefühl, Empfindung, Intuition und Verstand. In den meisten Menschen dominieren ein oder zwei dieser Wahrnehmungsfunktionen, andere bleiben weniger entwickelt. Um nun eine Persönlichkeit ins Gleichgewicht zu bringen, sollten die schwachen Eigenschaften geschult und gestärkt werden.

Zufällig entsprechen C.G. Jungs vier Wahrnehmungstypen den vier Ausdrucksformen im Tagebuch: Katharsis (Fühlen), Beschreibung (Empfinden), freies intuitives Schreiben (Intuition) und Reflexion

(Verstand). Sie können einiges über sich selbst erfahren, wenn Sie herausfinden, welche dieser Ausdruckstypen in Ihrem Tagebuch überwiegen / besonders stark entwickelt sind und welche selten bis gar nicht zu finden sind.

Gefühlsbewusstsein

Wenn Ihr Schreiben Rhythmus, Ehrlichkeit, treffende Beschreibung, persönliche Werte und emotionale Zuwendung zu anderen enthält, kann es auf große Nähe zu den eigenen Gefühlen verweisen. Allerdings müssen Sie, wenn Sie mit Blick auf Ihre Gefühle lesen, zwischen dramatisierten, übertriebenen und sensiblen, ehrlichen Einträgen unterscheiden. Klingen Sie wie ein Sensationsreporter, der über Gefühle berichtet? Dann haben Sie sich von Ihren wahren Gefühlen distanziert – vielleicht weil Sie sich davor fürchten.

Wenn Sie spüren, dass es Ihren Einträgen an echtem Gefühl fehlt, fragen Sie sich regelmäßig: »Was habe ich empfunden? Was empfinde ich jetzt? Was empfinde ich jetzt gegenüber dieser Person, diesem Ort, diesem Erlebnis gegenüber?« Verlangen Sie Ehrlichkeit und die damit verbundene Verletzlichkeit. Kathartisches Schreiben und Traumarbeit können dabei helfen.

Sensorisches Bewusstsein

Schreiben Sie konkrete detaillierte Texte mit vielen zusätzlichen Einzelheiten? Das kann ein Ausdruck dafür sein, dass Sie im Einklang mit Ihrer Umgebung stehen. Samuel Pepys berühmtes Tagebuch ist in dieser Hinsicht stark sensorisch geprägt, – und er war ein sinnlicher Mensch. Solche Texte lassen den Leser fremde Erfahrungen schmecken, riechen, spüren, hören, sehen und ertasten.

Sind Ihre Eintragungen in dieser Beziehung nur schwach, dann erscheinen Ihnen Ihre Einträge vielleicht abstrakt oder zu allgemein. Deshalb beschäftigen Sie sich mehr mit Ihrer Umgebung. Üben Sie sich in spontanem Schreiben, beobachten Sie Ihren Körper und fragen Sie sich: »Welches Detail könnte mir helfen, diese Erfahrung, dieses Bild lebendiger zu beschreiben?«

Intuitives Bewusstsein

Eine stark intuitive Persönlichkeit schreibt vielleicht gar nicht einmal so oft intuitiv. Dafür finden sich in ihren Einträgen häufig Experimente, Freiheiten in der Form oder Überraschungen. Wie in dem folgenden Auszug eines Autors, der davon erzählt, wie er den Besuch bei einem Freund erlebt hat:

Energien synchronisieren aus eigenem Antrieb die Zeit, die wir haben
Träume können Bedeutung gewinnen oder versterben.
Eine Fliege berührt den Rand meines Glases
Und die Berührung des Flügels kann das Gleichgewicht zerstören.
Tritt sanft, Fliege; nippe an dem süßen Wein, der Liebe mit Liebe verbindet.

Intuitives Schreiben hat oft eine magische oder poetische, manchmal auch fantastische oder obskure Qualität. Der intuitive Tagebuchautor beobachtet oft Übereinstimmungen mit Träumen oder Synchronizität und kann sich in andere Menschen hineinversetzen.

Wenn Ihre Einträge nüchtern und wenig lyrisch wirken, können Sie durch Traumarbeit, freies Schreiben oder Perspektivenwechsel versuchen, mehr Intuition zu entwickeln.

Bewusstsein durch Intellekt

Tagebücher von intellektuellen vernunftbetonten Menschen enthalten oft auffällig viel Reflexion. Die Einträge sind zusammenhängend und gut verständlich, der Leser kann den Gedankengängen mühelos folgen, oft finden sich Ironie oder Humor darin, aber auch die Präsenz eines starken inneren Kritikers wird erkennbar. Hauptsächlich intellektuell geprägte vernunftbetonte Menschen tendieren zu Abstraktion, Generalisierung, Verallgemeinerung und Sachlichkeit, – echte, aufrichtige Gefühle werden selten geäußert.

Wenn Sie bisher vernachlässigte oder ignorierte Ausdrucksformen bewusst einsetzen, gewinnen Sie eine zusätzliche Wahrnehmungsebene und damit die Möglichkeit, durch andere Stilmittel bis dahin noch unterentwickelte Stärken zu fördern: Das Tagebuch wird zum Labor der Persönlichkeit, in dem Sie Fähigkeiten entwickeln, mit denen Sie das Leben auf ganz andere Weise erfahren können.

Sie brauchen beim Lesen und der Auswertung Ihres Tagebuchs die objektive und aufgeschlossene Geisteshaltung eines Wissenschaftlers. Abwertende Selbstverurteilung verhindert jedoch eine positive Entwicklung. So wie es kein perfektes Tagebuch gibt, kann es auch kein perfektes Ich geben. Und auch kein Ziel. Es gibt nur die ständige Weiterentwicklung, die Ihre Persönlichkeit zum inneren Gleichgewicht führt. Der folgende Auszug aus Anaïs Nins Tagebüchern (Band II) kann Ihnen als Wegweiser für das Lesen Ihres Tagebuchs dienen:

Eine Persönlichkeit entwickelt sich nicht wie eine Pyramide, die sich in einem Punkt der Vollendung sammelt. Erfüllung ist die vollendete Rundung eines Kreises. Alle Aspekte des Ichs müssen ausgelebt werden, wie die zwölf Häuser eines Tierkreises. Eine Persönlichkeit ist, wer all seine Fesseln gelöst, alle Blätter entfaltet, all seine Schichten entblößt hat. Es spielt keine Rolle, wo man beginnt, mit Instinkt oder mit Weisheit, mit Natur oder mit Geist. Erfüllung enthält die Erfahrung aus allen Teilen des Ichs, aus allen Elementen aus allen Bereichen. Sie ist ein Prozess der Natur und nicht des Geistes. […] Alle Irrtümer sind notwendig, das Stottern, die Verwechslungen, die Blindheiten. Wichtig ist, dass das ganze Terrain erfasst, alle Wege begangen werden. Nichts darf übersprungen werden. Jede ausgelassene Phase hemmt die zweighafte Entfaltung. Wachstum, Ausdehnung, Fülle des möglichen Ichs. Nur ein Teil oder nur eine Seite der Persönlichkeit auszuleben, das ist, als ob man von den fünf Sinnen nur einen nutzen würde, und die anderen verkümmern. Größe ist nur in der Fülle, im vollen Erwachen.

Alle Irrtümer, all die Fehler sind notwendig, denn sie führen zum »vollen Erwachen«. Wenn Sie Ihr Tagebuch mit Mitgefühl für sich selbst und Akzeptanz der eigenen Persönlichkeit lesen, ist das eine Vorbereitung auf die nächste Phase der persönlichen Entwicklung.

11. Kreativität entfalten

Kreativität und Therapie gehören im Tagebuch zusammen, sind eins: Kommunikation mit sich selbst. Sie ergänzen und beeinflussen sich gegenseitig. Kreativität entsteht durch Kommunikation mit Ihrem Inneren. Als Tagebuchautor gewöhnen Sie sich an, mit sich selbst zu kommunizieren. Alle Tagebuchtechniken sind im Grunde genommen sowohl Mittel zur Selbsthilfe wie auch Werkzeug zum kreativen Gestaltung. Indem Sie lernen, diese Mittel zu nutzen, unterstützen Sie Ihre schriftstellerischen Möglichkeiten. So wie ein Gitarrist zunächst ein paar Grundakkorde lernt, die er auf unterschiedliche Weise kombinieren und verändern kann, so haben Sie als Tagebuchautor zuerst die Grundlagen kreativen Ausdrucks gelernt, die Sie nun in Ihrem Tagebuch oder anderen Texten weiterentwickeln können.

Die vier natürlichen Ausdrucksformen erschließen Ihnen universelle Formen der Kreativität. Poesie und Lyrik entspringen der Katharsis, freier Ausdruck dem Gefühl. »Alle meine Gedichte«, sagte Robert Lowell, »sind aus kathartischen Gründen geschrieben worden.« Narratives Material basiert auf Beschreibung, der Fähigkeit, sensorische Wahrnehmungen in Sprache zu übersetzen. Die herrlich unsinnigen Zeilen von Ogden Nash oder Lewis Carroll und viele andere Formen humorvoller Texte entstanden aus den spontanen, schnellen, nicht logischen Assoziationen des freien, intuitiven Schreibens. Der thematische und logische Zusammenhalt in literarischen oder künstlerischen Werken hängt von der Reflexion des Urhebers vor Bearbeitung und Fertigstellung des Werkes ab.

Die Tagebuchtechniken finden ihre Entsprechungen in Literatur und Kunst. Porträts können Teil von Fiktion aber auch Sachliteratur sein, ein Zeitschriftenartikel zum Beispiel kann einfach ein erweitertes Porträt eines interessanten Charakters sein.

Maps of Consciousness führen ihren Schöpfer vielleicht zur Beschäftigung mit einer ihm neuen Form des Ausdrucks, den bildenden Künsten – Zeichen, Malen oder Fotografie.

Der kreative Mensch oder Erfinder erreicht das Land der unbegrenzten Fantasie und Tagträumerei, das ich hier zum Thema geführte Imagination angesprochen habe. Die literarischen Genres Fantasy, Science Fiction, Poesie, Kinderliteratur oder Abenteuergeschichten sind im Grunde genommen polierte und ausgefeilte Beispiele für geführte Imagination.

Auch der Perspektivenwechsel ist in der Literatur zu Hause. Anaïs Nin stellt in *The Novel of the Future* die Theorie auf, dass Fiktion wahrscheinlich entstanden ist, weil die Menschen manche emotionalen Wahrheiten nicht als Tatsachen beschreiben wollten.

In fiktiven Briefen üben Autoren ihre geistige Flexibilität. Dadurch, dass sie sich an immer neue Empfänger wenden, wird ihnen bewusst, wie sehr das, was und wie sie schreiben von ihrem Adressaten abhängig ist.

Dialoge sind die Basis für Drehbücher und andere literarische Formen. Im Tagebuch schulen Dialoge Sie darin, mehrere Perspektiven gleichzeitig beizubehalten.

Wenn Sie eine Weile ein Tagebuch geführt haben, erkennen Sie, wo Ihre kreativen Stärken liegen. Wenn Sie spüren, dass Sie eine Neigung für eine bestimmte Tagebuchtechnik haben, sollten Sie versuchen, sie in anderen künstlerischen Bereichen anzuwenden, beispielsweise in einem Theaterstück oder einem Drehbuch.

Geführte Imagination oder freies intuitives Schreiben kann Sie zur Poesie führen.

Und wenn Sie sich mit diesen Instrumenten zur Kreativität durch Ihre Tagebucharbeit vertraut gemacht haben, können Sie Ihren individuellen Stil auch bei der Arbeit mit anderen kreativen Formen nutzen.

Eine Schatztruhe kreativer Inspiration

Als ich noch nicht wusste, dass ich dieses Buch schreiben würde, hatte ich es bereits in meinem Tagebuch vorbereitet. Über einen Zeitraum von sieben Jahren beschrieb ich meine eigene Entwicklung und sammelte Gedanken zu anderen Tagebüchern, ohne zu ahnen, wozu ich dies verwenden würde. Ich stellte mir Fragen zur Tagebucharbeit. Die Antworten darauf fand ich erst im Laufe der Zeit. Das Konzept für dieses Buch entwickelte sich organisch aus meinem persönlichen Tagebuch. Viele andere Projekte sind ebenfalls daraus entstanden.

Auch Sie können in Ihrem Tagebuch Material für die Arbeit an einem bestimmten Thema, für eine Geschichte oder einen Artikel finden. Vielleicht entsteht aus der Kombination einzelner Zeilen oder Bilder, aus Träumen, Fantasien oder Beschreibungen ein Gedicht. Vielleicht werden Sie zu Geschichten inspiriert, die bereits in Ihrem Tagebuch begonnen haben, oder zu Figuren, die danach schreien, in einem Theaterstück zu Wort zu kommen. Vielleicht entdecken Sie Träume, die nach einer poetischen, lyrischen oder narrativen Form verlangen.

Als ich vor einigen Jahren eine Kurzgeschichte schreiben wollte, suchte ich in meinem Tagebuch nach Material und ließ mich von einem Kindheitstraum inspirieren. Ich verlegte Elemente dieses Traums in die ungewöhnliche Wohnung einer Freundin, die ich ebenfalls in meinem Tagebuch beschrieben hatte, und gestaltete die Figuren aus einer Mischung erfundener und mir bekannter Menschen, die ich in meinem Tagebuch porträtiert hatte. So schien sich die Geschichte direkt aus dem Tagebuch zu ergeben. Wie bei der Entstehung einer lebenden Zelle fanden sich alle einzelnen Elemente zusammen, weil ich sie zuvor in den fruchtbaren Boden meines Tagebuchs gepflanzt hatte.

Hier ein Beispiel: Ein Mann fuhr mit seiner Frau in ihre Heimatstadt, deren Ursprung eine Siedlung griechischer und italienischer Bergarbeiter ist. Er war fasziniert von den Unterschieden im Wortschatz, den Menschentypen, die er kennen lernte, den Witzen, die er hörte. Ohne zu wissen, wie er diese Eindrücke einmal nutzen würde, beschrieb er sie in seinem Tagebuch, damit er sie eines Tages in einer Geschichte, einer Rede oder einem humorvollen Bericht verwenden könnte.

So kann Sie das Tagebuch mit Ihrem ganz persönlichen Vorrat an kreativem Material versorgen: Ein Fotograf notiert: »Interessanter Ausschnitt, als ich am Silverlake von der Straße abbog«; ein Architekt: »Ich würde gerne mit Solarzellen experimentieren«, jemand anderes denkt schriftlich über Verbesserung auf seinem Grundstück nach: »Ich hätte gern hinten im Garten ein kleines Teehaus, wie ich es in Tokio gesehen habe«, und der Schriftsteller überlegt: »Es könnte interessant sein, ein Buch über Frauen mit PMS zu schreiben.«

Erlebnisse in der Gegenwart geben Impulse für kreative Gestaltung. Sie bleiben zuerst nur vage und entwickeln sich manchmal über lange Zeit, bis sie endgültig Form annehmen. Statt in der Ödnis des Vergessens verloren zu gehen, werden sie im Tagebuch wie in einem Nest aufgehoben und gehütet, bis Sie Zeit haben, etwas daraus entstehen zu lassen.

Das Tagebuch für Kreativprojekte

Manche Tagebuchautoren legen sich ein gesondertes Buch ausschließlich für ihre kreativen Ideen an. Als ich beschloss, dieses Buch zu schreiben, notierte ich mir dazu Kapitelüberschriften in einem separaten Notizbuch. Für das Projekt selbst wählte ich ein Ringbuch, damit ich, falls nötig, Seiten oder ganze Kapitel leichter neu ordnen könnte. Mit Registerblättern in verschiedenen Farben trennte ich die einzelnen Kapitel voneinander. Dann sortierte ich Ideen, Gedanken und Vorstellungen zu den jeweiligen Kapiteln und ordnete sie ein. Als ich dann zu schreiben begann, hatte ich eine Menge bereits sortiert und zugeordnet und konnte bequem darauf zugreifen. Übrigens eignet sich diese Methode auch für jeden, der seine Autobiografie schreiben möchte. Eine Liste, wie die der Meilensteine und Wendepunkte unseres Lebens, könnte mit ihren Stichworten die vorläufigen Kapitelüberschriften liefern.

Ein befreundeter Schriftsteller arbeitet nach einer anderen Methode, um seine Romane zu entwickeln. Auch sie kann für jedes andere kreative Projekt angewendet werden. Tragen Sie Ihre fortlaufenden Gedanken zu dem Konzept und geplanten Projekt, wie Sie es im Tagebuch machen würden, in ein separates Buch ein. Folgen Sie dabei ganz Ihrer Intuition – chronologisch wie in Ihrem Tagebuch – und notieren Sie alle Informationen, Überlegungen, Assoziationen oder Bilder, die Sie für interessant halten.

Wenn Sie Zeit haben (für Berufstätige ist das oft erst spät abends oder am Wochenende), werden Sie das Material, das Sie zusammengetragen haben, durchsehen und einordnen. Sie werden auswählen, was Sie brauchen können, manches werden Sie beiseite legen oder streichen. Was Ihnen interessant erscheint, kann weiterentwickelt werden. Sie werden Strukturen erkennen, die Ihrer Arbeit Konturen geben. Wenn Sie dann bereit sind, Ihr Projekt auszuführen, wird es durch die Ideenspiele in Ihrem Tagebuch oder in dem gesonderten Projektejournal bereits gut vorbereitet sein und vielleicht schon Form angenommen haben.

Das Tagebuch als Geburtshelfer für kreative Ideen

Sie können auch das spontane Schreiben oder Zeichnen zur Entwicklung Ihrer kreativen Ideen im schützenden Leib des Tagebuchs fortsetzen. Was jedoch nötig ist, um Ihr Werk auf die Welt zu bringen, die entschlossene Arbeit daran, das Gestalten, Ausfeilen und Korrigieren, könnte Ihnen vielleicht schwer fallen. Aber auch dabei kann Ihr Tagebuch Geburtshilfe leisten – es übernimmt die Arbeit der Hebamme.

Sie bauen ein Haus, das Sie in Ihrem Tagebuch entworfen und geplant haben, Sie schreiben einen Roman, oder Sie beginnen ein Gemälde, das Sie im Tagebuch entwickelt und skizziert haben? Damit wird Ihr Plan zum konkreten Projekt, und von diesem Augenblick an entwickelt es eine Eigendynamik. Das Tagebuch oder das separate Journal für kreative Projekte wird von nun an zum Dokument der Veränderungen und des persönlichen Wachstums. Das Tagebuch spielt weiterhin eine wichtige Rolle bei der Ausarbeitung und Vollendung des jeweiligen kreativen Projektes. In ihm können Sie Verzögerungen beklagen oder sich über Fortschritte freuen, sich empören und Fragen stellen. Mit seiner Hilfe können Sie Kreativblockaden überwinden und sich mit Ihrem inneren Kritiker auseinander setzen, der in der Phase vor der Vollendung der endgültigen Fassung Ihres Werks oft als wichtiger Ratgeber auftritt. Im Tagebuch können Sie mit den Charakteren Ihrer begonnenen Geschichte sprechen, um sie besser kennen zu lernen. Eine Autorin, die über eine Gruppe Azteken aus der Zeit unmittelbar nach der Spanischen Conquista schrieb, fand, dass sie unbedingt noch mehr über die damaligen Lebensbedingungen herausfinden müsse, und suchte den Kontakt zu Star-Jaguar, einer ihrer Figuren:

Jane *Ich möchte euch gerne verstehen. Ich bin so weit weg von euch.*
Star-Jaguar *Stell dir vor, wie wir mit unseren Lasten auf dem Rücken in einer Reihe marschieren. Beobachte unsere Beine, unsere Füße. Beobachte, wie wir unsere Zehen behutsam im Schlamm spreizen und die scharfen Steine vermeiden. Sieh zu, wie wir unsere Lasten absetzen und sie mit Stöcken stützen. Sieh, wie wir sitzen. Jeder von uns sitzt anders.*

Man kann sogar ein Gespräch mit der Farbe für ein Gemälde führen. Oder aber – und das ist ausgesprochen hilfreich – mit der kreativen Arbeit selbst. Da der Roman, das Bild oder das Haus eine eigene Kraft besitzt, die sich ständig weiterentwickelt, können Sie mit dieser in Kontakt treten. Sprechen Sie einfach aus, welche Probleme Sie beschäftigen, und lassen Sie diese Kraft zu Wort kommen.

Das Tagebuch für professionelle Schriftsteller

Das Tagebuch kann für den Berufsschriftsteller eine wichtige Unterstützung sein, um auszuprobieren, was zunächst nicht für die Öffentlichkeit gedacht ist, und es hilft ihm, im Schreibfluss zu bleiben. Anaïs Nin empfahl in *The Novel of the Future:* »Jeden Tag zu schreiben, [...] so wie man täglich Klavier spielen übt, hält beweglich, und wenn der große Moment der Inspiration kommt, ist man in guter Form, geschmeidig und agil.«

Gerade für Autoren, die ihre ersten Schritte auf dem Weg zur Veröffentlichung wagen, kann das Tagebuch ein Ort sein, um kurze Texte zu entwerfen. Eine Freundin versuchte beispielsweise einige Male erfolglos, eine Kurzgeschichte über die Geburt ihres ersten Kindes zu schreiben. Immer wieder unterbrach sie sich überkritisch und bekam Hemmungen, bevor sie eine Erstfassung beenden konnte. Endlich beschloss sie, diese Geschichte in ihrem Tagebuch zu beschreiben, in dem sie schon lange spontan und ohne den inneren Kritiker geschrieben hatte. Und plötzlich gelang es ihr, das auszusprechen, was sie erzählen wollte, und die Geschichte entfaltete sich flüssig und ohne Probleme. Später schrieb sie:

> *Ich bin froh, dass ich nicht mehr den Widerwillen empfinde, den ich sonst direkt nach Fertigstellung einer Geschichte spüre. Das liegt daran, dass ich diese Geschichte ins Tagebuch geschrieben habe. Ich habe mich nicht mehr durch den »Anspruch auf Literatur« selbst behindert. Und ich glaube, ich bin dem, wie ich als Frau dieses Ereignis erlebt habe, näher gekommen, was wahrscheinlich der Grund ist, warum ich mit dem Ergebnis so zufrieden bin.*

Viele Berufsschriftsteller benutzen das Tagebuch als Verbindung zu ihrem Ich. Ein Tagebuch, das ohne die Absicht der Veröffentlichung geführt wird, verhindert, dass sein Autor so »objektiv« oder »kommerziell« wird, dass er die Fähigkeit verliert, überhaupt persönlich zu sein. In einem meiner Seminare, das Anaïs Nin und ich leiteten, waren etwa die Hälfte der Teilnehmer, die sich mit Tagebuchschreiben beschäftigen wollten, professionelle Autoren, die als Journalisten, in der Werbung oder in der Wirtschaft ihr Geld verdienten. Als ich sie fragte, warum sie sich in unseren Kurs eingeschrieben hatten, antworteten fast alle, dass sie über das kommerzielle Schreiben vergessen hätten, wie man für sich selbst schreibt. Die meisten hatten festgestellt, dass sie nicht mehr wussten, wie man in der ersten Person schreibt oder eigene Erfahrungen als Material nutzen kann, sie hatten den Eindruck, dass sie sich durch ihre Arbeit immer weiter von ihrem Ich entfernten. Sie waren überzeugt, dass sie erst dann etwas von Wert schreiben konnten, wenn sie ihre eigene Stimme fänden, und sie hofften, dies durch die Arbeit mit dem Tagebuch am ehesten zu schaffen.

Jahre nach dem Erscheinen der ersten Auflage dieses Buchs arbeitete ich als Autorin und Produzentin beim Fernsehen und lernte viel über den Aufbau von kommerziellen Dramen und die Anforderungen des Marktes. Und als ich mich später wieder ausschließlich dem Bücherschreiben widmen wollte, stellte ich fest, dass sich ein neuer innerer Kritiker bei mir eingenistet hatte, der über alles, was angeblich »langweilig« und »nicht zu verkaufen« war, schimpfte. Ich musste intensiv mit meinem Tagebuch arbeiten, um das Gefühl von Leichtigkeit zurückzugewinnen und neu zu lernen, meiner Stimme und meinen Instinkten zu trauen.

Seitdem weiß ich, dass das Tagebuch ein Gegengewicht zu den Anforderungen, die an professionelle Autoren gestellt werden, sein kann, und es kann Originalität, Flexibilität und Natürlichkeit erhalten. Im Tagebuch braucht der Schriftsteller nichts zu erfinden, seine Texte sind überzeugend und echt.

Das Tagebuch als Basis für autobiografische Werke

Die Autobiografie unterscheidet sich vom Tagebuch darin, dass hier ein Leben im Rückblick erzählt wird, während das Tagebuch das Leben *in diesem Augenblick* beschreibt.

Selbstverständlich enthält auch das Tagebuch wichtiges Material für eine Autobiografie. In letzter Zeit werden Autobiografien und Erinnerungen gern gelesen und geschrieben. Früher waren es hauptsächlich Staatsmänner, Künstler und andere Berühmtheiten, die ihre Lebensgeschichte niederschrieben. Doch inzwischen ist man der Meinung, dass die Autobiografie auch etwas für »normale« Leute ist. Sie schreiben die Familiengeschichte für ihre Kinder auf, andere versuchen, in einer Autobiografie Sinn und die Bedeutung eines ungewöhnlichen Lebens zu erfassen, wieder andere sehen die Autobiografie wie einen Schlussstrich unter ihrem Leben.

Selbst ein Leben, das oberflächlich betrachtet ereignislos und ohne besondere Höhepunkte verläuft, hat einen unterirdischen Fluss innerer Bedeutung. Obwohl aus Tagebucheinträgen allein keine Autobiografie entsteht, kann ein Journal dazu beitragen, sich zu erinnern und Ereignisse richtig einzuordnen.

Vom privaten zum veröffentlichten Tagebuch

Es ist selten, dass ein Tagebuchautor der Meinung ist, sein Tagebuch, so wie es ist, sei zur Veröffentlichung geeignet. Ein Tagebuch ist ein Original, ein unfertiges Werk, an dem gearbeitet wird, und es war ursprünglich nur für den Urheber gedacht. Aber es kann später für einen fremden Leser bearbeitet, redigiert und verständlich gemacht werden.

Wenn Sie also Ihr Tagebuch für eine Veröffentlichung bearbeiten, streichen Sie heraus, was Ihnen unwichtig, trivial und überflüssig erscheint. Sie achten auf Themen, die häufig deutlich oder indirekt erwähnt werden. Sie ergänzen oder feilen an Einträgen, die Ihre Themen behandeln, beispielsweise eine Mutter-Tochter-Beziehung oder die Entdeckung einer besonderen Berufung. Falls der Perspektivenwechsel zu Ihren bevorzugten Tagebuchtechniken gehört, entscheiden Sie sich für eine bestimmte Perspektive. Sie nehmen Einträge heraus, die mit Ihren zentralen Themen nicht unmittelbar zu tun haben. Sie streichen Listen oder Dialoge, die Sie nicht brauchen, kürzen oder löschen Texte, die durch freies intuitives Schreiben entstanden sind. Und Sie streichen, was bei einer Veröffentlichung anderen Personen schaden könnte.

Wenn Sie Ihr Tagebuch veröffentlichen wollen, ist es vielleicht nötig, Erklärungen einzufügen, um von einem Thema zum anderen überzuleiten oder Informationen zu ergänzen, die der Leser zum besseren Verständnis braucht. Wenn Sie jedoch zu viele Abschnitte neu schreiben, verliert das Tagebuch seine authentische Qualität und klingt womöglich nach Fiktion. Ein Original-Tagebuch vermittelt eher einen collage-artigen Eindruck, und zu glattes Erzählen widerspricht der Spontaneität, die der Leser von einem Original-Tagebuch erwartet. In einem Tagebuch will der Leser ein wenig vom Chaos des Lebens spüren, Fragmente sollten sich wie zufällig zusammenfinden.

Autoren, die sich vorgenommen haben, ihr Tagebuch herauszugeben, berichten von starken emotionalen Erfahrungen während der Arbeit. Beim Lesen und Bearbeiten überwältigen den Verfasser Erinnerungen und Empfindungen. Vielleicht ist der Lohn der Mühe die Entdeckung, das sein Leben, ohne dass er dies bisher bewusst erkannt hat, einem unbekannten Muster, einer Ordnung gefolgt ist, die er nun enträtseln und begreifen kann. Das ähnelt ein wenig der Arbeit eines Mikrofotografen, der eine Schneeflocke betrachtet: Er hat das filigrane Muster der Natur für den Augenblick bewahrt, bevor es sich auflöst.

Durch die Darstellung von Lebensmustern und Strukturen im Tagebuch erkennt auch der Leser dann zwischen den Zeilen das Mysterium des menschlichen Lebens, um es mit dem Verfasser zu teilen.

Autorenhaus-Verlagsprogramm

Schreiben
AP-Handbuch Journalistisches Schreiben *Von Rene J.Cappon*
50 Werkzeuge für gutes Schreiben *Von Roy Peter Clark*
Kurz und Gut schreiben *Von Roy Peter Clark*
Über das Schreiben. *Von Sol Stein*
20 Masterplots *Von Ronald Tobias*

Schreiben & Veröffentlichen
Autoren-Handbuch, 8. Auflage. *Von Sylvia Englert*
Mini-Verlag. Self-Publishing, Verlagsgründung, 8. Auflage.
Von Manfred Plinke

Theater & Stücke schreiben
Die Technik des Dramas *Von Gustav Freytag*
Vorsprechen *Von Paula B. Mader*
Kleines Schauspieler-Handbuch *Von Uta Hagen*
Dramatisches Schreiben *Von Lajos Egri*

Film & Drehbuch schreiben
Die Seele des Drehbuchschreibens – 16 Story Steps.
Von K. Cunningham
Rette die Katze! Das ultimative Buch übers Drehbuchschreiben.
Von Blake Snyder

Die Odyssee der Drehbuchschreiber *Von Christopher Vogler*
Filme machen *Von Sidney Lumet*
Die Technik des Dramas *Von Gustav Freytag*
Dramatisches Schreiben *Von Lajos Egri*
Drehbuch schreiben und veröffentlichen. *Von Claus Hant*
Schritt für Schritt zum erfolgreichen Drehbuch *Von Chris. Keane*
Das Drehbuch *Von Syd Field*
Die häufigsten Probleme beim Drehbuchschreiben und ihre Lösungen.
Von Syd Field
Grundkurs Film *Von Syd Field*
Emotionen im Film. *Von Karl Iglesias*

Cartoonbücher
Struwwelhitler. Der Anti-Nazi-Klassiker von 1941
Von Robert u. Philip Spence

Schriftstellerbücher
Musen auf vier Pfoten: Schriftsteller und ihre Hunde
Musen auf vier Pfoten: Katzen und ihre Schriftsteller

Bitte besuchen sie auch www.autorenhaus.de